Peter H. Stauner

Homöopathische Haus-, Reise- und Notfallapotheke

Leitfaden gegliedert nach Arzneimittel, Symptomen und Organgruppen
zum Auffinden des passenden homöopathischen Arzneimittels

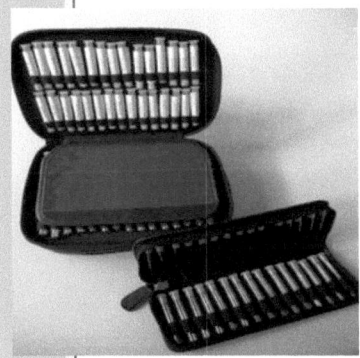

Die Angaben in diesem Buch sind nach besten Wissen und Gewissen dargestellt und wurden mit größtmöglicher Sorgfalt geprüft. Dennoch kann keine Garantie übernommen werden. Jegliche Haftung des Autors bzw. des Verlages für Schäden oder Folgen, die sich aus dem Gebrauch oder Missbrauch der hier vorgestellten Informationen ergeben, ist ausgeschlossen.

Umschlagsgestaltung und Layout Peter H. Stauner
Herstellung und Verlag: Books on Demand GmbH, Norderstedt
Printed in Germany
ISBN 978-3-8423-7243-6

Inhalt

Vorwort zur 2. Auflage

Das Begleitheft zu den homöopathischen Haus- und Reiseapotheke-Taschen hatte aus der Praxis heraus sehr großen Beifall. Die Begeisterung, die Nachfrage, die Kritik und Ergänzungswünsche vieler Benutzer veranlassten mich, das Werk zu überarbeiten und neu aufzulegen.

Der Sinn dieses Buches ist, jedem interessierten Laien einen erfolgreichen Einsatz der Homöopathie zu Hause, auf der Reise sowie in jeder Notsituation, wo keine andere Hilfe zugegen oder zu erwarten ist, zu ermöglichen.

Wer die Vielzahl der homöopathischen Mittel auf 60 oder gar 30 reduziert, muss sich auch darüber im Klaren sein, dass bei der Vielzahl der Beschwerden und Erkrankungen an Körper, Geist und Seele, der Einsatz der zur Verfügung stehenden Mittel sehr beschränkt ist.

Nicht nur die Mittel sind stark reduziert, sondern auch mehr oder weniger die grundlegende Kenntnisse und die Möglichkeit einer Repertorisation (homöopathische Gesundheitsbefragung).

Es sei deshalb nochmals darauf hingewiesen, dass es sich hier um eine Haus-, Reise- und Notapotheke handelt. Deshalb muss bei entsprechend schlechtem Befinden und Krankheitszustand unbedingt möglichst rasch ein fachlich kompetenter Heilpraktiker oder Arzt aufgesucht werden.

Der erfolgreiche Einsatz der Taschenapotheke und des Begleitheftes vieler Benutzer übertraf meine Erwartungen. Der Aufbau ist so gestaltet, dass bei der Wahl eines Mittels vom Anwender in der Regel der zutreffende Bezug hergestellt werden konnte. Dieser Erfolg führte dazu, dass immer mehr Menschen sich dafür interessierten und diesen Leitfaden erwerben wollten.

Diese Nachfrage bewog mich schließlich, mit einer Überarbeitung zu beginnen.

So wurde die Lesbarkeit überarbeitet und aus einer Anzahl von 100 Einzelmittel eine Notapotheke mit 30 Einzelmittel herausgearbeitet und gekennzeichnet.

St. Ingbert im Juni 2011   Peter H. Stauner

Macht der Beweisführung

Es gilt nur, was beweisbar ist
und der Beweis steht für real.
Was du sonst glaubst, ist nur Mist,
ob gut, ob weise – ganz egal.

Messbar muss Erkenntnis sein.
Die Analyse macht sie fest
und die Wissenschaft allein
zwingt zum Glauben durch den Test.

Heute gilt, was Wissen schafft,
das sich hat zum Gott erhoben.
Egal was und wer von dieser Welt gerafft,
der Wissenschaft ist zu geloben.

Ihre Wahrheit ganz allein
ist Gesetz in dieser Welt.
Auch könnte wahr das andre sein.
Die Wahrheit nur ist, wo das Geld.

So wird geforscht in jene Richtung,
welche Macht und Geld verspricht.
Der Bedarf dafür ist Dichtung.
Doch Zufriedenheit bringt es uns nicht.

Was du suchst, wirst du auch finden,
egal wohin die Richtung zeigt.
Tu nicht die andern damit binden,
auch wenn die Masse weiter schweigt!

Es gilt, der Wahrheitsdimension
weit über das, was fassbar ist,
gleichzustellen ohne Hohn,
was das Wissen nicht mehr misst.

Lass endlich andre Werte zu,
lass gelten hier das gleiche Recht!
Gefahr dabei siehst doch nur du,
dir schwindet Macht als Teufelsknecht.

Kurzinfo allgemein

Beim Umgang mit Arzneimittel wird unterschieden:
Definition gemäß Pschyrembel

Allopathie aus der Homöopathie* stammende Bezeichnung für Heilmethoden, die Erkrankungen mit Mitteln entgegengesetzter Wirkung behandeln, also die eigentliche **Schulmedizin**.

Phytotherapie Behandlung u. Vorbeugung von Krankheiten u. Befindensstörungen durch Pflanzen, Pflanzenteile u. deren Zubereitungen;

Homöopathie ab 1796 veröffentlichten Vorstellungen des deutschen Arztes Samuel Hahnemann als alternativmedizinische Behandlungsmethode. Nach dem von Hahnemann formulierten Ähnlichkeitsprinzip: „Ähnliches soll durch Ähnliches geheilt werden" (*similia similibus curentur*), solle ein homöopathisches Arzneimittel so ausgewählt werden, dass die Substanz an Gesunden ähnliche Symptome hervorrufen könne wie die, an denen der Kranke leidet (*Arzneimittelbild*).

Die Homöopathie wird in folgender Art und Weise angeboten:
klassische Homöopathie (Einzelmittel) - Komplexhomöopathie
Schüssler Salze   - Bachblütentherapie

anthroposophische Arznei - Antihomotoxika Heel
Regenaplexmittel - Sanumpräparate
und viele weitere firmenspezifische Darreichungen

Darreichungsformen:
Tabletten
Tropfen
Globuli
Salben
Ampullen

Homöopathie bei Frauenbeschwerden, in der Schwangerschaft, vor und nach der Geburt

Hier sind die Beschwerden des Alltags angesprochen, wie z.B. Beschwerden vor, während und nach der Regel, wie Wechseljahrbeschwerden und Beschwerden in der Schwangerschaft, die man besser mit einem homöopathischen Mittel behandelt als z.B. mit Aspirin.
So können Übelkeit, Erbrechen, Sodbrennen, Schwermut, Schlafstörungen, Ischialgien, Erkältungen, Wehenschwäche, Schleimhautverletzungen und auch Beschwerden durch Dammschnitt oder -riss, wenn keine ernstere Erkrankung vorliegt, homöopathisch behandelt werden.
Sobald Sie jedoch in der Lage sind oder die Beschwerden sich verschlimmern, setzen Sie sich mit Ihrer Hebamme, Ihrem Gynäkologen oder Heilpraktiker in Verbindung.

Kurzinfo : „Klassische Homöopathie"

Begründer Samuel Hahnemann   1755 – 1843
Arzt, Apotheker, Chemiker

Ähnlichkeitsgesetz: „Similia similibus curentur"
Ähnliches werde durch Ähnliches geheilt.

Es sind *über 2000* pflanzliche, tierische und mineralische Substanzen bekannt. Immer mehr neue Substanzen werden geprüft (z.B.: Schokolade, Diamant, Wasserstoff)

Homöopathische Anamnese (*s.Arzneimittelbild*)
Leitsymptome beachten!

Arzneimittelbild

Unter einem Arzneimittelbild versteht man in der Homöopathie die Zusammenfassung von Beobachtungen und Arzneimittelprüfungen der Beschwerden bzw. Symptomen die bei einem gesunden Menschen auftreten können, wenn eine bestimmte Substanz eingenommen wird. Das Arzneimittelbild dient dazu, einer bestimmten Erkrankung nach dem Ähnlichkeitsprinzip das passende homöopathische Heilmittel zuzuordnen.

Potenzierung:

Potenzierte Arznei: Sie wird verdünnt und verschüttelt d.h. potenziert und dynamisiert
Kennzeichnung: Buchstaben: D, C, LM, Q
zeigt in welchem Verhältnis das Arzneimittel verdünnt wurde

D = Dezimalpotenz 1:10
C = Centesimalpotenz 1:100
LM bzw. Q Potenz Qinquageiesmillesima Potenz 1:50.000

Nach dem Gesetz von Avogadro lassen sich bis zu einer Verdünnung von D23 noch Moleküle nachweisen.
Somit sind in einem auf D24 bzw. C12 potenzierten Arzneimittel keine Moleküle mehr nachzuweisen.

Tiefpotenzen bis D12 / C6, in denen noch messbare Stoffmengen der Ausgangssubstanz vorhanden sind, werden in der Homöopathie vor allem für akute körperliche Beschwerden eingesetzt, beispielsweise gegen Erkältungen. Diese Potenzen sind auch für die Anwendung durch Laien geeignet.

Mittlere Potenzen D13 / C7 bis D60 / C30 (je nach Literatur bis D200 bzw. C200) wirken sowohl energetisch als auch körperlich.

Hochpotenzen - über C30 (oder ab D200 bzw. C200 und alle LM u. Q Potenzen) eignen sich zur Behandlung von geistigen Zuständen und für die Behandlung nach Konstitutionstypen.

Vorsicht Antidotwirkung!
Coffein, Pfefferminz (Zahnpasta, Tee), Tabak, Alkohol und ätherische Öle können die Wirkung der homöopathischen Arznei aufheben.

Dosierung

Die hier angegebenen Dosierungsangaben von homöopathischen Arzneimittel beziehen sich nur auf die Arzneimittel, die in diesem Leitfaden aufgeführt sind.
Grundsätzlich wird eine Dosierung individuell gehandhabt. Sie ist auch von der Schwere des Krankheitsbildes und der Konstitution des Erkrankten abhängig. Firmen von Fertigarzneien geben in der Regel in der Packungsbeilage die empfohlene Dosierung als Orientierungswert an.

Erwachsene:

Tiefpotenzen (bis D12 / C6) im akuten Fall
    alle 30 Min. bis 60 Min. = 5 Globuli (Streukügelchen)
    jedoch höchstens 6 mal täglich
    danach
    (subchronisch = wenn der Krankheitsverlauf keine Verschlimmerung
    mehr bzw. nach ca. 8 bis 14 Tagen bereits Besserungstendenzen zeigt)
    1 bis 3 mal täglich = 5 Globuli (Streukügelchen)

mittlere Potenzen (D13 / C7 bis D60 / C30) im chronischen Fall
    (fortschreitende, lang andauernde, länger als vier Wochen dauernde
    Erkrankung)
    1 bis 2 mal täglich = 5 Globuli (Streukügelchen)

Hochpotenzen (D60 / C30 und höher) im chronischen Fall und z.B. nach Hahnemann als Grundlage die Miasmen (Ur-Übel)
    Die Anwendung von Hochpotenzen erfordert ein ausführliches
    homöopathisches Examen (Repertorisation) eines erfahrenen
    Homöopathen.

Anmerkung: C30 wird hier als mittlere Potenz eingesetzt und kann zur Wirkungsverstärkung mit der entsprechenden Tiefpotenz verabreicht werden.

Kinder:

Säuglinge (bis 12 Monate)   = ein Drittel der Erwachsenendosierung
Kleinkinder (bis zum 6. Lebensjahr) = die Hälfte der Erwachsenendosierung
Kinder (7 bis 12 Jahre)   = zwei Drittel der Erwachsenendosierung

Bitte beachten Sie die Gegenanzeigen und Anmerkungen in der Übersicht aller ausgewählten Mittel unter der Rubrik Bezug, Charakteristika.

Die Leitsymptome und das Auffinden des passenden Arzneimittels

Übersicht, aller ausgewählten Mittel und Potenzen mit ihrem deutschen Namen, mit ihrem Bezug zum Organsystem und Hinweisen was zu beachten ist, sowie deren Modalitätenbezug

Seite 12

Ordnungsblöcke
zur besseren Orientierung, Übersicht und Arzneimittelfindung

Jeder der 3 Ordnungsblöcke ist in 5 Spalten unterteilt

- Mittel
- Symptom / Erkrankung
- Rubrik
- Potenz (2 Spalten)

    - 1. Spalte alle Potenzen akut / chronisch für Hausapotheke und Geburtshilfe (100 Mittel)
    - 2. Spalte Potenzen akut für Reise- und Notfall Apotheke (30 Mittel)

Innerhalb dieser Blöcke sind die Zuordnungen für die 30 Mittel der Reise- und Notfallapotheke zur besseren Übersicht grau unterlegt.

Block I: __Arzneimittel__ ➔ Symptom / Erkrankung ➔ Rubrik   Seite 20

Block II: __Symptom / Erkrankung__ ➔ Arzneimittel ➔ Rubrik   Seite 72

Block III: __Rubrik__ ➔ Symptom / Erkrankung ➔ Arzneimittel   Seite 124

Beispiele zum Auffinden des Arzneimittels:

Situation: Erbrechen
Vorgehen:
1. man sucht in Block II unter der Rubrik Symptome alle Punkte mit Erbrechen
2. Auswahl des **Mittels** das am ehesten den aufgeführten Punkten „ Erbrechen" entspricht .

Situation: Bronchitis
Vorgehen:
1. man sucht in Block II unter der Rubrik Symptome alle Punkte mit Bronchitis Auswahl zum Teil ohne klare Zuordnung
2. man sucht in Block III unter der Rubrik Atemwege alle am ehesten zutreffenden Punkte. Das Mittel, das die meiste Zustimmung erhält ist das zutreffende Mittel.

Notfall-, Haus- und Reiseapotheke, Taschenapotheke zur Geburtshilfe

Übersicht aller ausgewählten Mittel und Potenzen mit ihrem deutschen Namen, mit ihrem Bezug zum Organsystem und Hinweisen was zu beachten ist, sowie deren Modalitätenbezug

Bei den grau unterlegten Mittel beachten Sie bitte die Gegenanzeigen und Nebenwirkungen!
⬛ *kennzeichnen die Mittel der Notfall- und Reiseapotheke*

	homöopatisches Einzelmittel / Globuli	chron.	akut	Geburt	Bezug, Charakteristika	Name Synonyme	Verschlimmerung	Besserung
1	1 Aconitum D6				Zentrales Nervensystem, Entzündungen, Fieber, Angst, Schmerzen, Ruhelosigkeit, Panik	Blauer Eisenhut	<nachts, <im warmen Zimmer, <kalter, trockener Wind	>im Freien
	2 Aconitum C30							
2	3 Agaricus C30				Zuckungen, Verkrampfungen, Nystagmus, Zittern der Hände, Gangunsicherheit, Schwatzhaftigkeit,	Fliegenpilz	>morgens, <nach dem Essen; < Kälte; <vor einem Gewitter	>langsame Bewegung; >im Schlaf
3	4 Agnus castus D6				männl.+weibl. Geschlechtsorgane	Mönchspfeffer / Keuschlamm		
	5 Agnus castus C30							
4	6 Aletris C30				weibl. Geschlechtsorgane, Anämischer, erschlaffter Zustand besonders bei Frauen	Sternwurzel		
5	7 Allium cepa D6				Atemwege	Küchenzwiebel	< abends, <im warmen Zimmer	>im Freien >im kaltenZimmer
	8 Allium cepa C30							
6	9 Alumina C30				ZNS, Ma, Darm, Haut - Langsamkeit beim Antworten; *Gegenanzeige: bis D3 - Nierenfunktionsstörungen; Schwangerschaft u Stillzeit; Säuglinge u. Kleinkinder*	Aluminium ox.	<nachmittags; <durch Kartoffeln; <morgens beim Aufwachen; <warmes Zim.	>im freien, beim kalten Waschen; >abends
7	10 Apis mellifica D6				Haut, Schleimhaut, Bindegewebe *(Vorsicht bei Bienengiftüberempfindlichkeit)*	Honigbiene	<Wärme, <Berührung, <überheiztes Zimmer	>Kälte, >kalte Anwendungen
	11 Apis mellifica C30							
8	12 Argentum nitr D12				ZNS, Herz-Kreislauf, Schleimhäute	Höllenstein, Silbernitrat	<Wärme, <Süßigkeiten, <nach dem Essen	>Kälte, >kalte Anwendungen
9	13 Aristolochia [1] D12				weibliche Geschlechtsorgane, Harnwege	Osterluzei		
	14 Aristolochia [1] C30							

homöopatisches Einzelmittel / Globuli	chron. / akut / Geburt	Bezug, Charakteristika	Name Synonyme	Verschlimmerung	Besserung
15 Arnica D6 16 Arnica C6 17 Arnica C30		Herz- Kreislauf, Haut, Stütz- u. Bewegungsapparat - *Nicht unter D6/C3 anwenden! Vorsicht bei Arnicaüberempfindlichkeit - Gegenanzeige: Urtinktur bei Nasenbluten; Retinablutung, Apoplexie*	Bergwohl verleih	<Berührung, <Bewegung, <Erschütterung, <feuchte Kälte, < Ruhe, <Wein;	>Liegen oder Kopftieflage
18 Arsenicum alb[2] C30		ZNS, Haut, Atemwege, Magen-Darm-Trakt	Weißer Arsenik	<nach Mitternacht, <Ruhe, <von Kälte, kalten Getränken o. kalter Nahrung, <an Küste, < re. Seite, <Druck, Berührung, Einengung	>durch erhöhten Kopf, >trockene Wärme, warme Getränke
19 Belladonna D6 20 Belladonna C30		Fieberhafte Entzündungen, zentrales und peripheres Nervensystem, Überempfindlichkeit aller Sinne, Psyche, arterielles Gefäßsystem,	Tollkirsche	<Berührung, <Bewegung, <Erschütterung, <Kälte, <Lärm, <Licht, <nach 12 Uhr,	>halb aufrecht, >Rückwärtsbeugen, >Ruhe
21 Borax D4		hier: Mund - Haut: auch: ZNS; Atemwege; Magen-Darm-Trakt	Natriumbiborat		
22 Bryonia D6 23 Bryonia C6 24 Bryonia C30		Schleimhäute, Atemwege, Magen-Darm-Trakt, Stütz- und Bewegungsapparat *(unter der D4 nicht bei Schwangeren und Kleinkindern anwenden!)*	(weiße oder rotbeerige) Zaunrübe	<morgens, < jegliche Berührung, <Wärme, <Essen, <Anstrengung, <kann nicht aufsitzen;	>Liegen auf schmerzhaften Seite, >Druck, Ruhe, >kalte Sachen
25 Cantharis D6 26 Cantharis C30		Harnwege, männliche und weibliche Geschlechtsorgane, Haut	spanische Fliege	<Berührung, <Trinken	>warme Anwendungen
27 Carbo veg[3] C30		Abbau und mangelnde Oxidation, Magen-Darm, Herz-Kreislauf, Atemwege, Haut	Holzkohle	<abends, nachts, <im Freien, <Kälte, < fettes Essen, <Butter, Kaffee, Milch, <Wein, feuchtwarmes Wetter	>Aufstoßen, frische Luft, > Luft zufächeln
28 Caulophyllum D4 29 Caulophyllum C6 30 Caulophyllum C30		weibliche Geschlechtsorgane, Stütz- u. Bewegungsapparat	Frauenwurzel	<Kälte	

13

homöopatisches Einzelmittel / Globuli	chron.	akut	Geburt	Bezug, Charakteristika	Name Synonyme	Verschlimmerung	Besserung
18 — 31 Chamomilla D6 / 32 Chamomilla C30				Zentrales Nervensystem, Atemwege, Magen-DarmTrakt, weibliche Geschlechtsorgane, Stütz- und Bewegungsapparat, *Überempfindlichkeit gegen Chamomilla (Kamille)*	echte Kamille	<nachts, <Ärger, <Wärme, <Kaffee, <Wind, <im Freien	>Herumgetragen werden, >
19 — 33 Cimicifuga D4 / 34 Cimicifuga C6 / 35 Cimicifuga C30				weibliche Geschlechtsorgane, zentrales und peripheres Nervensystem, Magen Darm Trakt, Stütz- und Bewegungsapparat;	Wanzenkraut Traubensilberkerze	< Kälte, < während der Menses, <Aufregung;	>lokale Wärme, >Essen
20 — 36 Cocculus D6 / 37 Cocculus C30				Zentrales Nervensystem, Magen-DarmTrakt, weibliche Geschlechtsorgane,	Kockels Körner (Indien)	<Fahren, <Stoß <Schlafmangel, <Nachtwachen, <Sorgen <Ärger <Essen, <Tabak,	
21 — 38 Coffea D6				Zentrales Nervensystem	Kaffee	<starke Emotionen (Freude), <Lärm, <Kälte, <nachts, <Gerüche, <Narkotika	>Wärme, >vom Hinlegen, >beim Halten von Eis im Mund
22 — 39 Colocyntis D6				Peripheres Nervensystem, Leber	Koloquinte (Nordafrika - Asien)	< Ärger, Empörung <16 Uhr;	> Wärme, > fester Druck, >Kaffee, >Zusammen krümmen,, >Liegen mit Beugung d.Kopfes n.vorne
23 — 40 Cuprum met[4] C30 / 41 Cuprum acet[5] D4				Zentrales Nervensystem. Atemwege, Magen-Darm-Trakt	Kupfer Grünspan	< vor der Menses, <Berührung, <nachts, <Erbrechen	> bei Schweißausbr, >beim Trinken von kaltem Wasser
24 — 42 Drosera C30				Atemwege	Sonnentau	<nach Mitternacht, < beim Hinlegen <beim Warmwerden im Bett, <beim Trinken, <Singen <Lachen	

	Einzelmittel / Globuli	chron.	akut	Geburt	Bezug, Charakteristika	Name Synonyme	Verschlimmerung	Besserung
25	43 Dulcamara D6		■		Atemwege, Magen-Darm-Trakt, Harnwege, Stütz- und Bewegungsapparat, Haut	Bittersüß, Nachtschatten	<Kälte, <Nässe, <feuchtkaltes Wetter,	>Wärme, >Bewegung
	44 Dulcamara C30							
26	45 Eupatorium [6] D6		■		Atemwege, Magen-Darm-Trakt, Leber, Stütz- und Bewegungsapparat. *Gegenanzeigen: bis D6/C3 Überempfindlichkeit gegen Wasserdost*	Wasserhanf	<7-9 Uhr morgens, <Bewegung	>Unterhaltung, > Niederlassen auf Händen u. Knie
	46 Eupatorium [6] C30							
27	47 Euphrasia C30		■		Schleimhäute, Augen,	Augentrost	<Licht, <warmes Zimmer	>Kaffee, >Dunkelheit
28	48 Ferrum phos. [7] D12		■		Herz- Kreislauf, Stütz- u. Bewegungsapparat, Lymphsystem, Magen Darm Trakt	Eisen(II)-Phosphat	<nachts, <von 4-6 Uhr, <Bewegung, <rechte Seite, <Berührung	>kalte Anwendungen
	49 Ferrum phos. [7] C30							
29	50 Gelsemium D6				Zentrales Nervensystem. Atemwege, weibliche Geschlechtsorgane, Stütz- und Bewegungsapparat	Wilder Jasmin	<Aufregung, <Erwartungsspannung, <10 Uhr <Tabak , <schlechte Nachrichten, <Nebel, <vor Gewitter, <denken an die Beschwerden,	>Bücken, >reichl. Wasserlassen, >frische Luft, >dauernde Bewegung, >Stimulantien,
	51 Gelsemium C6							
	52 Gelsemium C30							
30	53 Hepar sulf. [8] D12		■		Haut, Schleimhaut,	Kalkschwefel leber,	<Kälte, <trockene, kalte Luft, <Zugluft, <Entblößen	>feuchtes Wetter, >Wärme, >warme Anwendungen
	54 Hepar sulf. [8] C30							
31	55 Hyoscyamus D6		■		Zentrales Nervensystem, Atemwege,	Bilsenkraut	Niederlegen,<Berührung,<bei Menses	>Bücken,
32	56 Hypericum D6		■		Zentrales und peripheres Nervensystem; *Vorsicht bei Sonneneinwirkung Photosensibilisierung!*	Johanniskraut	Feuchtigkeit,<Nebel, <Kälte,	>Kopf nach hintenbeugen
33	57 Ignatia C30		■		Zentrales Nervensystem	Ignatius bohne	<Berührung<Tabak <Kaffee< morgens	>Essen, >Lageveränderung
34	58 Ipecacuanha D6				Magen-Darm-Trakt, Atemwege,	Brechwurzel, Brasilien	<Bewegung, <Temperaturextreme <feuchter,warmer Wind	
	59 Ipecacuanha C30							

15

#	#	homöopatisches Einzelmittel / Globuli	Bezug, Charakteristika	Name Synonyme	Verschlimmerung	Besserung
35	60	Iris D6	Zentrales Nervensystem, Magen-Darm-Trakt	Schwertlilie	<Ruhe, <abends u. nachts	>Bewegung,
36	61	Kalium carb. C6	Zentrales Nervensystem, Atemwege, Herz-Kreislauf-System, Magen-Darm-Trakt, weibl. Geschlechtsorgane, Stütz- u.Bewegungsapparat	Potasche; Kalium karbonat	<Kälte, <nach Koitus, <Liegen auf d. schmerzhaften Seite <2-4 Uhr morgens	>Wärme
36	62	Kalium carb. C30				
37	63	Lachesis C30	septische Entzündungen, Schilddrüse, Herz-Kreislauf-System - *Gegenanzeige: (nur Dilution) bis D6/C3: nicht anwenden bei Herz-, Nieren- oder Zuckerkranken u Hypervolämie*	Buschmeister, giftige Grubenotter	<Schlaf (schläft in die Verschlimmerung hinein), <Wärme	>Auftreten von Absonderungen (z.B. Menses, Schleim-auswurf)
38	64	Ledum D6	Stütz- und Bewegungsapparat, Haut	Sumpfporst (Heidekraut gewächs)	<nachts, <Bettwärme, <Bewegung	>kalte Anwendungen
38	65	Ledum C30				
39	66	Luffa[16] D6	Atemwege	Schwamm gurke		
40	67	Magnesium phos C30	Zentrales und peripheres Nervensystem	Magnesium phos	<Berührung, <Kälte	>Wärme, >Druck, >Reiben
41	68	Mercurius[9] D12	Schleimhäute, Magen-Darm-Trakt, Leber, Stütz- und Bewegungsapparat, Haut, Lymphsystem, *Gegenanzeigen bis D7: Nierenfunktionsstörungen. Schwangerschaft, Stillzeit, Säuglinge u. Kleinkinder*	Quecksilber	<Kälte u. Wärme, <Bettwärme, <nachts, <nasskaltes Wetter	>mäßige Temperaturen
41	69	Mercurius[9] C30				
42	70	Natrium mur. [14]C30	Zentrales Nervensysten (ZNS), Schleimhäute;	Kochsalz	Geräusch, Musik, Sprechen; Trost Zimmerwärme, geistige Anstrengung, Hitze, <Genußmittel (Kaffee, Alkohol, Tabak), Kälte, <morgens, n.d.E., geschäftlicher Ärger u. Sorgen, <geistige Anstrengung	im Freien, enge Kleidung; liegen auf der li.Seite kaltes Bad
43	71	Nux vomica D6	Zentrales Nervensystem, Magen-Darm-Trakt, Leber, Stütz- und Bewegungsapparat	Brechnuss		>abends, >Wärme
43	72	Nux vomica C6				
43	73	Nux vomica C30				

#		homöopathisches Einzelmittel / Globuli	chron.	akut	Geburt	Bezug, Charakteristika	Name Synonyme	Verschlimmerung	Besserung
44		74 Okoubaka D3		■		Magen-Darm-Trakt,	getr. Astrinde	<Tabak	
45		75 Phosphorus C30				Zentrales Nervensystem, Schleimhäute, Leber, Stütz- und Bewegungsapparat - *Bis D6/C3 nicht in der Schwangerschaft und Stillzeit; nicht bei Säuglingen und Kleinkinder*	Gelber Phosphor	<Liegen, <abends, <körperl. u. geistige Abstregung, <im Zwielicht	>Schlaf, >Essen
46		76 Phytolacca D2						<Bewegung, <nasskaltes Wetter, <Regen, <Durchschnässen, <Warme Getränke (Halsschmerzen), <nachts, Elektrizitätsänderungen der Atmosphäre, <rechte Seite,	>Wärme, >trockenes Wetter, >Ruhe
		77 Phytolacca D4				Lymphsystem, weibliche Geschlechtsorgane, Stütz- und Bewegungsapparat	Kermesbeere		
		78 Phytolacca D6							
		79 Phytolacca C6							
		80 Phytolacca C30							
47		81 Pulsatilla D6				Zentrales Nervensystem, Magen-Darm-Trakt, weibliche Geschlechtsorgane, Stütz- u. Bewegungsapparat; *bis D3 nicht in der Schwangerschaft und Stillzeit: nicht bei Säuglingen und Kleinkinder*	Küchenschelle	<Wärme, <abends, <vor und während d. Menses, <fettes Essen, <Liegen a.d.li. o. schmerzlosen Seite, wenn d. Füße herabhängen	>Trost, >Bewegung im Freien, >frische Luft, >kalte Anwendungen
		82 Pulsatilla C6							
		83 Pulsatilla C30							
48		84 Pyrogenium C30		■		Magen-Darm-Trakt, Abwehr	künstl. Sepsin		>Erleichterung d. Bewegung
49		85 Rhododendron C30				ZNS – Stütz- u Bewegungsapparat, männl. Geschlechtsorgane	Goldgelbe Alpenrose	< vor Gewitter o. Sturm, nass-kaltes Wetter, morgens, nachts	>Bewegung (sofort)
50		86 Rhus tox.[10] D12				Stütz- und Bewegungsapparat, Haut, zentrales Nervensystem; *VORSICHT bis D6/C3 Überempfindlichkeitsreaktionen und Nebenwirkungen im Magen Darm Trakt*	Giftsumach	<kaltes, feuchtes Wetter, <Nasswerden, <beginnende Bewegung <Ruhe;	>Wärme, fortgesetzte Bewegung, >Reiben
		87 Rhus tox[10] C30							
51		88 Rumex D6				Atemwege, Haut	Krauser Ampfer	<Einatmen kalter Luft, <Abdecken o. Entkleiden, <Temperaturwechsel	

17

Nr	homöopatisches Einzelmittel / Globuli	chron.	akut	Geburt	Bezug, Charakteristika	Name Synonyme	Verschlimmerung	Besserung
89	Secale C6		■	■	Arterielles Gefäßsystem, weibliche Geschlechtsorgane	Mutterkorn	<Wärme, <Bettwärme, (warmes Zudecken)	>Kälte, >Aufdecken, >Reiben u. >Strecken der Glieder
90	Secale C30		■	■				
91	Sepia C12		■	■	• Zentrales Nervensystem, Magen-Darm-Kanal, weibliche Geschlechtsorgane, Harnwege, Stütz- und Bewegungsapparat	Tintenfisch	<vor und während der Menses, <Geschlechtsverkehr, <Kälte	>körperl. Anstrengung, >frische Luft, >Tanzen >Bewegung,
92	Sepia C30		■	■				
93	Silicea C10	■			Zentrales Nervensystem, Haut, schleimhäute, Lymphsystem (VORSICHT, fördert das Abstoßen von Fremdkörpern aus dem Gewebe, Metalle, Spirale)	Kieselerde	Neumond; <Kälte; waschen, beim Aufdecken, beim Hinlegen; liegen auf der li. Seite, während der Menses;	>Wärme, >warmes Einhüllen; Sommer; bei feuchtnassem Wetter;
94	Sulfur C6		■	■	Atemwege, Magen-Darm-Trakt, Leber, Stütz- und Bewegungsapparat, venöses Gefäßsystem, Haut, Schleimhäute	Schwefel	<Waschen und Baden, <Bettwärme, <im Stehen, <11 Uhr morgens, <Ruhe	>trockenes warmes Wetter, >mäßige Bewegung,
95	Staphisagria C30				Zentrales Nervensystem, Magen-Darm-Kanal, männliche u. weibliche Geschlechtsorgane, Haut	Stephans-kraut	<Ärger, <Kummer, <sexuelle Exzesse, <Tabak <Flüssigkeitsverlust	>nach dem Frühstück, >Wärme, >Nachtruhe
96	Tartarus[11] C30	■			Atemwege, Herz-Kreislauf-System	Brechwein-stein	<Wärme	>Aufsitzen, >Auswurf
97	Thuja C30	■			Haut, Schleimhäute, Stütz- u.Bewegungsapparat	Lebensbaum	Feuchte Kälte, 16-4 Uhr	Wärme
98	Veratrum[12] D6				Herz- Kreislauf, zentrales Nervensystem, Magen-DarmTrakt, weibliche Geschlechtsorgane	Nieswurz	<kalte Getränke, <nachts, <feuchtes Wetter	>Wärme, >Gehen
99	Veratrum[12] C30							

Left margin section numbers: 52, 53, 54, 55, 56, 57, 58, 59

homöopatisches Einzelmittel / Globuli	chron.	akut	Gebut	Bezug, Charakteristika	Name Synonyme	Verschlimmerung	Besserung
60 100 Viburnum[13] C30				weibliche Geschlechtsorgane	gem. Schneeball	<liegen auf d. befallenen Seite, <warmes Zimmer, < abends u. nachts	>Bewegung, >Ruhe, >im Freien
61 101 Zincum val.[15] C2				Zentrales Nervensystem (ZNS)			

Anmerkungen:
[1]Aristolochia clematis - [2]Arsenicum album - [3]Carbo vegetabilis - [4]Cuprum metallicum - [5]Cuprum aceticum - [6]Eupatorium perfoliatum - [7]Ferrum phosphoricum [8]Hepar sulfuris - [9]Mercurius solubilis Hahnemanni - [10]Rhus toxicodendron - [11]Tartarus stibiatus, Antmonium tartaricum, Kalium stybiltaricum - [12]Veratrum album - [13]Viburnum opulus - [14]Natrium muriaticum = Natrium chloratum - [15]Zincum valerianicum - [16] Luffa operculata

19

Homöopathische Taschenapotheke
nach _Mittel_ geordnet

Mittel	Potenz	Symptom / Erkrankung	Rubrik
Aconitum	D5	Masern (unbedingt den Arzt aufsuchen!)	Infektion
Aconitum	D6	Amenorrhoe (als Folge von Schreck oder Kälte)	Frauenmittel
Aconitum	D6	Angst (groß) akut -Vorahnungen; fürchtet den Tod; fürchtet die Zukunft;	Nerven / Psyche
Aconitum	C30	Angst (groß) chronisch - Angst u Sorge begleitet jede Beschwerde	Nerven / Psyche
Aconitum	C30	Berührung - Überempfindlich gegen	Empfindung
Aconitum	D6	Blutdruck (hoher) u schnellem Puls Herzbeschwerden m Schmerz li Schulter	Herz / Kreislauf
Aconitum	D6	Bronchitis (Kurzatmig - heiserer, trockener, kruppöser Husten)	Atemwege
Aconitum	D6	Fieberschübe mit Schüttelfrost	Fieber
Aconitum	C30	Geschmack (bitter) anhaltend	Sinne
Aconitum	D6	grippaler Infekt fiebrig - heiße Hände kalte Füsse	Erkältungskrankheiten
Aconitum	D6	hochakute entzündliche Erkrankung	Entzündungen
Aconitum	D6	Laryngitis (Kehlkopfentzündung) akut und chron.	Hals / Atemwege
Aconitum	D6	Neuralgien, Neuritiden akut	Schmerzen
Aconitum	C30	Neuralgien, Neuritiden chronisch	Schmerzen
Aconitum	D5	Otitis media (Mittelohrentzündung)	Ohren
Aconitum	D6	Panikzustände; Todesahnung (sagt seine Todesstd.voraus)	Nerven / Psyche
Aconitum	C30	Nerven (Missempfindung - Taubheitsgefühl)	Nerven
Aconitum	C30	Parästhesien - Taubheitsgefühl - Missempfindung	Nerven
Aconitum	C30	Ruhelosigkeit	Nerven / Psyche
Aconitum	D6	Schmerzen (ziehend, schießend, krampfartig) akut	Schmerzen
Aconitum	C30	Schmerzen (ziehend, schießend, krampfartig) chronisch	Schmerzen

20

Mittel	Potenz		Symptom / Erkrankung	Rubrik
Aconitum	C3	C6	Schreckfolgen	Nerven / Psyche
Aconitum	C30	C6	Todesfurcht unter der Geburt	Schwangerschaft / Entbind.
Aconitum	D6	C6	Tonsillitis (Seitenstrangangina) Fieber akutes plötzliches Einsetzen	Hals / Atemwege
Aconitum	D6	C6	Seitenstrangangina (Tonsillitis) Fieber akutes plötzliches Einsetzen	Hals / Atemwege
Aconitum	D6	C6	Verbrennungen	Haut
Agaricus	C30		Morbus Parkinson	Erkrankungen / Diagnosen
Agaricus	C30		Multible Sklerose	Erkrankungen / Diagnosen
Agaricus	C30		Ruhelosigkeit - Bewegungsdrang	Verhalten
Agaricus	C30		Zuckungen und Verkrampfungen fast jeder Muskelgruppe	Muskel / Zuckungen
Agnus castus	D6/C30		Depressionen (hormonell)	Frauenmittel
Agnus castus	D6/C30		Geruchsillusion	Sinne
Agnus castus	C30		Impotenz	Männer / Frauenmittel
Agnus castus	C30		Juckreiz (aller Körperteile, besonders der Augen)	Haut / Schleimhaut
Agnus castus	D6/C30		Wechseljahrbeschwerden	Frauenmittel
Aletris	C30		Müdigkeit extrem (schlaff, Anämie, Schwindel, Ohnmacht)	Geist / Gemüt / Befinden
Aletris	C30		Senkungsbeschwerden	Frauenmittel
Allium cepa	C30		Amputationsneuralgie	Schmerzen
Allium cepa	D6		Augenbrennen, reichliche milde Tränensekretion	Augen
Allium cepa	D6		Heiserkeit / Kehlkopf / Atembeklemmung	Atemwege
Allium cepa	D6		Schnupfen (Fließ-)	Atemwege
Alumina	C30		bei Aluminium verunreinigte Luft	Umwelt
Alumina	C30		Morbus Alzheimer	Erkrankungen / Diagnosen
Alumina	C30		Verstand - fürchtet zu verlieren	Psyche
Apis mellifica	D6/C30		Scharlach (unbedingt den Arzt aufsuchen!)	Infektion
Apis mellifica	D6/C30	C6	Allergie - Insektenstichallergie	Allergie
Apis mellifica	D6/C30	C6	Ausschlag (Nesselsucht u. Juckreiz)	Haut / Schleimhaut

Mittel	Potenz	Symptom / Erkrankung	Rubrik
Apis mellifica	D6/C30	Berührung o. Druck Empfindlichkeit	Empfindung
Apis mellifica	D6/C30	Bindehautentzündung	Augen
Apis mellifica	D6/C30	Gelenkentzündung mit großer Schwellung	Entzündungen
Apis mellifica	D6/C30	Gerstenkorn	Augen
Apis mellifica	D6/C30	Halsschmerzen (Pharyngitis-Heiserkeit)	Hals / Schmerzen
Apis mellifica	D6/C30	Heiserkeit (Halsschmerzen)	Hals / Schmerzen
Apis mellifica	D6/C30	Insektenstiche - Insektenstichallergie	Haut
Apis mellifica	D6/C30	Juckreiz (unerträglich mit Nesselausschlag)	Haut / Schleimhaut
Apis mellifica	D6/C30	Mittelohrentzündung (Otitis media)	Ohren
Apis mellifica	D6/C30	Nierenversagen, akut	Niere / Blase / Harnwege
Apis mellifica	D6/C30	Otitis media (Mittelohrentzündung)	Ohren
Apis mellifica	D6/C30	Rheumatismus (entzündlicher)	Rheuma
Apis mellifica	D6/C30	Schmerzen (brennend, stechend)	Schmerzen
Apis mellifica	D6/C30	Schwellung der Haut u.Bindehäute (zum Zerreißen gespannt)	Ödeme
Argentum nitr	D12	Aufstoßen	Magen / Darm
Argentum nitr	D12	Blähungen (Meteorismus) stark aufgetriebener Bauch	Magen / Darm
Argentum nitr	D12	Durchfall (Diarrhoe) aus Angst vor bevorstehenden Prüfungen	Magen / Darm
Argentum nitr	D12	Erwartungsspannung	Psyche
Argentum nitr	D12	Gedächtnisschwäche	Psyche
Argentum nitr	D12	Heiserkeit (chron.) Laryngitis	Hals / Atemwege
Argentum nitr	D12	Herzbeschwerden (nervös)	Herz / Kreislauf
Argentum nitr	D12	Migräne (mit Kälte und Zittern)	Kopf / Schmerzen
Argentum nitr	D12	Schmerzen (Splitterschmerz im Hals)	Hals / Schmerzen
Argentum nitr	D12	Schwindel	Schwindel
Argentum nitr	D12	Stuhl (grün) wie gehackter Spinat	Magen / Darm
Argentum nitr	D12	Süßigkeiten Verlangen nach (die aber nicht vertragen werden	Ernährung

Mittel	Potenz	Symptom / Erkrankung	Rubrik
Argentum nitr	D12	Zahnfleisch (empfindlich, leicht blutend)	Mund / Zähne
Aristolochia	D12	Durchfall (Diarrhoe) mit starken Tenesmen	Magen / Darm
Aristolochia	C30	Fluor (Scheidensekret)	Schwangerschaft / Entbind.
Aristolochia	D12	Lochialstau (Wochenfluß - Stau)	Schwangerschaft / Entbind.
Aristolochia	C30	Reizblase	Niere / Blase / Harnwege
Aristolochia	C30	Schmerzen (Gelenke - Klimakterisch)	Schmerzen
Aristolochia	D12	Wehenschwäche	Schwangerschaft / Entbind.
Arnica	C30	Apoplexie (Hirnschlag)	Gefäße / Gehirn
Arnica	C30	Arteriosklerose (Verkalkung)	Gefäße
Arnica	D6/C30	Blutungen (aller Art)	Wunde / Verletzungen
Arnica	D6/C30	Commotio cerebri (Gehirnerschütterung) - Contusio cerebri	Kopf
Arnica	D6/C30	Entbindung	Schwangerschaft / Entbind.
Arnica	D6	Erschöpfung nach körperlicher Überanstrengung	Geist / Gemüt / Befinden
Arnica	D6/C30	Gehirnerschütterung	Kopf
Arnica	D6/C30	Geschmack (bitter) und wie von faulen Eiern	Sinne
Arnica	D6/C30	Hämatomen	Wunde / Verletzungen
Arnica	D6/C30	Krampfadern (Varizen)	Gefäße
Arnica	D6	Muskelkater	Muskel / Schmerzen
Arnica	D6/C30	Ohrgeräusche (Tinnitus)	Ohren
Arnica	D6/C30	Operationen (danach)	Wunde / Verletzungen
Arnica	D6/C30	Quetschungen	Wunde / Verletzungen
Arnica	C30	Rheumatismus (Muskel und Gelenke)	Rheuma
Arnica	D6/C30	Tinnitus (Ohrgeräusche)	Ohren
Arnica	D6/C30	Varizen (Krampfadern)	Gefäße
Arnica	D6	Venenentzündungen	Gefäße
Arnica	D6	Verbrennungen	Haut

Mittel	Potenz	Symptom / Erkrankung	Rubrik
Arnica	C30	**Verkalkung (Arteriosklerose)**	Gefäße
Arnica	D6	**Verletzungen (immer zuerst Arnica)**	Wunde / Verletzungen
Arnica	D6/C30	**Verrenkungen**	Wunde / Verletzungen
Arnica	D6/C30	**Verstauchungen**	Wunde / Verletzungen
Arnica	D6/C30	**Wunde (Wundheilmittel)**	Wunde / Verletzungen
Arnica	D6/C30	**Zahnextraktionen**	Wunde / Verletzungen
Arsenicum	C30	**Abmagerung** (Kann nicht den Anblick oder Geruch v. Speisen ertragen)	Drüsen / Stoffwechsel
Arsenicum	C30	**Schwäche** Zittern, Zucken,Schwere, Wadenkrämpfe, **Brennen**	Befinden
Arsenicum	C30	**septische Prozesse**	Entzündungen
Arsenicum	C30	**Angst, große** (vor dem Tod, u.alleingelassen werden), **u.Schweiß**	Nerven / Psyche
Arsenicum	C30	**Erschöpfung extrem nach leichtester Anstrengung**	Geist / Gemüt / Befinden
Arsenicum	C30	**Geruch, faulig (aller Absonderungen)**	Sinne
Arsenicum	C30	**grippaler Infekt**, gr. Angst u Unruhe, ändert dauernd die Lage, Brennen	Erkältungskrankheiten
Arsenicum	C30	**Herzklopfen**	Herz / Kreislauf
Arsenicum	C30	**Juckreiz** (häufig Kopf); brennen der Haut;	Haut
Arsenicum	C30	**Kollaps**	Herz / Kreislauf
Arsenicum	C30	**Malaria** (unbedingt den Arzt aufsuchen!)	Infektion
Arsenicum	C30	**Schmerzen, brennende**	Schmerzen
Arsenicum	C30	**Schwäche, reizbare**	Geist / Gemüt / Befinden
Arsenicum	C30	**Schweiß**; große Angst (vor dem Tod, u. alleingelassen zu werden)	Haut
Arsenicum	C30	**Todesfurcht**	Geist / Gemüt / Befinden
Arsenicum	C30	**Unruhe**	Nerven / Psyche
Arsenicum	C30	**Vergiftung (Fleisch, Wurst, Fisch, Muscheln)**	Magen / Darm
Belladonna	D6/C30	**Masern (unbedingt den Arzt aufsuchen!)**	Infektion
Belladonna	D6/C30	**Mumps (unbedingt den Arzt aufsuchen!)**	Infektion
Belladonna	D6/C30	**Scharlach (unbedingt den Arzt aufsuchen!)**	Infektion

24

Mittel	Potenz	Symptom / Erkrankung	Rubrik
Belladonna	D6/C30	**Angst und Furcht**	Psyche
Belladonna	D6/C30	**beißt, wütet, schlägt**	Psyche
Belladonna	D6/C30	**Bronchitis** kitzelnder, kurzer trockener Husten - Verschlimmerung nachts	Atemwege
Belladonna	D6	**Entzündungen mit Rötung, Schwellung und Schmerz**	Entzündungen
Belladonna	D6	**Erbrechen, leeres Würgen**	Magen / Darm
Belladonna	D6	**Fieber, plötzlich hohes**	Fieber
Belladonna	C30	**Halluzinationen, Wahnideen**	Psyche
Belladonna	D6	**Halsbeschwerden (schwieriges Schlucken, Schluckzwang)**	Erkältungskrankheiten
Belladonna	D6/C30	Herzklopfen	Herz / Kreislauf
Belladonna	D6/C30	Hitze, Rötung	Aussehen
Belladonna	D6	Husten, bellender; mit Schmerz in der li. Hüfte,	Erkältungskrankheiten
Belladonna	D6	Kopfschmerzen	Schmerzen
Belladonna	D6	**Krämpfe in der Kehle**	Krämpfe / Spannungen
Belladonna	D6/C30	**Laryngitis (Kehlkopfentzündung) akut und chron.**	Hals / Atemwege
Belladonna	D6	**Luftkrankheit (Vorbeugung)**	Konstitution
Belladonna	D6	Lymphknotenschwellungen (Hals) - Tonsillitis	Erkältungskrankheiten
Belladonna	D6	Mittelohrentzündung (Otitis media)	Erkältungskrankheiten
Belladonna	C30	**Nasenbluten (bei rotem Gesicht)**	Herz / Kreislauf
Belladonna	D6	**Nierenkolik**	Niere / Blase / Harnwege
Belladonna	D6	**Otitis media (Mittelohrentzündung)**	Ohren
Belladonna	D6/C30	**Schlaf: unruhig, fährt hoch beim Augenschließen bzw. während d. Schlafes, schreit auf;**	Nerven / Psyche
Belladonna	D6	Schluckauf (krampfartiger)	Krämpfe / Spannungen
Belladonna	D6	**Schmerzen (neuralgisch) die plötzlich kommen und gehen**	Schmerzen
Belladonna	D6/C30	Schmerzen im Oberbauch	Schmerzen
Belladonna	D6	**Schmerzen, krampfartige an allen Hohlorganen (plötzlich)**	Schmerzen
Belladonna	D6/C30	**Schweiß, heißer**	Haut

Mittel	Potenz	Symptom / Erkrankung	Rubrik
Belladonna	C30	**Sonnenstich (hochroter Kopf)**	Erkrankungen / Diagnosen
Belladonna	D6/C30	**Tobsuchtsanfälle**	Psyche
Belladonna	D6	Tonsillitis (Seitenstrangangina)	Hals / Atemwege
Belladonna	D6	Seitenstrangangina (Tonsillitis)	Hals / Atemwege
Belladonna	D6	Trigeminusneuralgie	Schmerzen
Belladonna	D6/C30	**Überempfindlichkeit** (Licht, Geräusche, Geschmack, Berührung)	Sinne
Belladonna	D6/C30	Unruhe	Nerven / Psyche
Belladonna	D6/C30	Verbrennungen	Haut
Belladonna	D6/C30	**Wutanfälle wütet, rast, beißt, schlägt**	Psyche
Belladonna	C30	**Zähneknirschen** (Zunge geschwollen und schmerzhaft)	Nerven / Psyche
Belladonna	D6	**Zahnschmerzen** - pulsiernder Schmerz	Mund / Zähne
Belladonna	D6	Zuckungen und Konvulsionen und Schmerz	Muskeln / Zuckungen
Borax	D4	Eiterungen	Entzündungen / Haut
Borax	D4	Mykose - Pilz	Haut / Schleimhaut
Borax	D4	**Aphten (Stomatitis)** (*Mundfeil - Mundfäule*)	Mund / Zähne
Borax	D4	**Bett** - Kinder wollen sich nicht ins Bett legen lassen	Nerven / Psyche
Borax	D4	Diarrhoe, übelriechend und Gastroenteritis	Magen / Darm
Borax	D4	Eiterungsneigung der Haut auch bei kleinsten **Verletzungen**	Haut / Schleimhaut
Borax	D4	**Furcht und Ängstlichkeit (große) vor Abwärtsbewegungen**	Nerven / Psyche
Borax	D4	**Herpes simplex**	Haut / Schleimhaut
Borax	D4	Stimmung, übellaunig, verdrießlich	Nerven / Psyche
Bryonia	D6/C30	**Arthritis**	Rheuma
Bryonia	D6/C30	**Atemwegserkrankungen** (mit trockenem, schmerzhaft. Krampfhusten)	Atemwege
Bryonia	D6	**Blinddarmreizung**	Erkrankungen / Diagnosen
Bryonia	D6/C30	**Bronchitis (mit trockenem, schmerzhaft. Krampfhusten)**	Atemwege

Mittel	Potenz	Symptom / Erkrankung	Rubrik
Bryonia	D6	Bursitis (Schleimbeutelentzündung)	Bewegungsapparat
Bryonia	D6	Schleimbeutelentzündung - Bursitis	Bewegungsapparat
Bryonia	C30	**Durst, extrem** (mit Trockenheit von Lippen, Mund, Zunge u. Hals)	Magen / Darm
Bryonia	D6	Fieber (langsam steigend)	Fieber
Bryonia	C6	**Fieber; Milchfieber**	Fieber
Bryonia	D6/C30	**Geschmacksverlust**	Sinne
Bryonia	D6	**grippaler Infekt**	Erkältungskrankheiten
Bryonia	C30	Haar sehr fettig	Haare / Nägel
Bryonia	D6/C30	**Keuchhusten**	Atemwege
Bryonia	D6/C30	Kopfschmerzen (dumpf, drückend, berstend, Stirn und Schläfen)	Kopf / Schmerzen
Bryonia	D6/C30	Lippen (rissig - trocken)	Mund / Zähne
Bryonia	D6	Lungenentzündung (mit stechenden Schmerzen)	Atemwege
Bryonia	D6/C30	Magen (schmerzen, berührungsempfindlich, Druck n.d.E. wie v.Stein)	Magen / Darm
Bryonia	C30	menstruelle Beschwerden (starke Unterleibs- u. Beckenschmerzen)	Frauenmittel
Bryonia	C30	**Nasenbluten, häufig (wenn Menses kommen sollte)**	Nase
Bryonia	C30	reizbar (will nach Hause gehen; redet von Geschäften)	Psyche
Bryonia	C30	**Schleimhäute (alle trocken - gelb, blaß, geschwollen)**	Haut / Schleimhaut
Bryonia	D6/C30	Schmerzen (Magen - berührungsempfindlich)	Magen / Darm
Bryonia	D6/C30	Schmerzen (stechend)	Schmerzen
Bryonia	C6/C30	schmerzen, Ovarial- (Eierstock), stechende (beim tiefen Einatmen), im re. Ovar wie beim Zerreißen;	Frauenmittel
Bryonia	C6/C30	**schmerzhafte Brust, heiß**	Frauenmittel
Bryonia	C6/C30	**schmerzhafte Drüsen bei Menses;**	Frauenmittel
Bryonia	C30	Schwindel (bei schnellen Kopfbewegungen)	Geist / Gemüt / Befinden
Bryonia	D6/C30	Trockenheit (Lippen, Mund, Zunge u. Hals) mit **extremem Durst**	Mund / Zähne
Bryonia	D6/C30	**Übelkeit (und Schwäche beim Aufstehen)**	Magen / Darm

Mittel	Potenz	Symptom / Erkrankung	Rubrik
Bryonia	D6/C30	Verstopfung (Stuhl hart und trocken, scheinen zu groß, braun, blutig)	Magen / Darm
Cantharis	C30	Aphten (Stomatitis) (Mundfeil - Mundfäule)	Mund / Zähne
Cantharis	D6	Bewußtseinsverlust, plötzlicher; mit rotem Gesicht	Herz / Kreislauf
Cantharis	D6	Blasenentzündung (Brennender Schmerz beim Wasserlassen)	Niere / Blase / Harnwege
Cantharis	D6	Brandblasen	Haut
Cantharis	D6	Harndrang u.brennende,schneidende Schmerzen beim Wasserlassen	Niere / Blase / Harnwege
Cantharis	D6	Harnwegsinfekt	Niere / Blase / Harnwege
Cantharis	D6/C30	Kindbettkrämpfe	Schwangerschaft / Entbind.
Cantharis	C30	Magenstörungen bei Schwangerschaft	Schwangerschaft / Entbind.
Cantharis	C30	Mundfäule - Mundfeil - Stomatitis, Aphten	Mund / Zähne
Cantharis	D6	Nierenentzündungen / Nierenbeckenentzündung	Niere / Blase / Harnwege
Cantharis	D6/C30	Schluckbeschwerden bei Flüssigkeiten	Magen / Darm
Cantharis	D6	Schmerzen beim Wasserlassen und Brennen	Niere / Blase / Harnwege
Cantharis	C30	Stomatitis (Aphten)(Mundfeil - Mundfäule)	Mund / Zähne
Cantharis	D6	Verbrennungen mit Blasenbildung	Haut
Cantharis	D6/C30	Wasserlassen tropfenweise	Niere / Blase / Harnwege
Carbo veg	C30	Atemnot (durch Blähungen oder Überessen)	Atemwege
Carbo veg	D12	Beine (Kälte von den Knien nach unten) Zehen rot und geschwollen	Extremitäten
Carbo veg	D12	Blähungen (Meteorismus), Blähungskolik	Magen / Darm
Carbo veg	C30	Blutungen (Sickerblutungen aus Schleimhäuten, z.B.: Nase, Aphten)	Verletzungen / Blutungen
Carbo veg	C30	Bronchitis (Rasseln,Pfeifen,Husten mit Brennen u. jucken in der Kehle)	Atemwege
Carbo veg	C30	Erholung (Personen, die sich nie völlig von den Wirkungen einer vorangegangenen Krankheit erholt haben)	Rekonvaleszenz
Carbo veg	C30	Genesung (Personen, die sich nie völlig von den Wirkungen einer vorangegangenen Krankheit erholt haben)	Rekonvaleszenz
Carbo veg	C30	Haut: blau, zyanotisch	Haut

Mittel	Potenz		Symptom / Erkrankung	Rubrik
Carbo veg	C30	D12	Heiserkeit; Laryngitis (Kehlkopfentzündung)	Atemwege
Carbo veg	C30	D12	Herz (geschwächte Herztätigkeit)	Herz / Kreislauf
Carbo veg	C30	D12	Husten, mit Brennen, Rasseln u. Pfeifen,u. jucken in der Kehle	Atemwege
Carbo veg	C30	D12	kalt, träge, adipös (fettsüchtig), schwach, matt	Konstitution
Carbo veg	C30	D12	Keuchhusten (besonders am Anfang)	Atemwege
Carbo veg	C30	D12	Kollapsneigung	Herz / Kreislauf
Carbo veg	C30	D12	Krampfadern (Varizen)	Gefäße
Carbo veg	C30	D12	Magenkrämpfe	Magen / Darm
Carbo veg	C30	D12	Ohnmachtszustände	Herz / Kreislauf
Carbo veg	C30	D12	Rekonvaleszenz (Personen, die sich nie völlig von den Wirkungen einer vorangegangenen Krankheit erholt haben)	Rekonvaleszenz
Carbo veg	C30	D12	Schläfrigkeit	Befinden
Carbo veg	C30	D12	schwach, matt, träge, kalt, adipös (fettsüchtig),	Konstitution
Carbo veg	C30	D12	Schweiß: kalt	Haut
Carbo veg	C30	D12	Sodbrennen	Magen / Darm
Carbo veg	C30	D12	Stoffwechselverschlackung	Stoffwechsel
Carbo veg	C30	D12	Thromboseneigung	Herz / Kreislauf
Carbo veg	C30	D12	träge, kalt, adipös (fettsüchtig), schwach, matt	Konstitution
Carbo veg	C30	D12	Venenstau	Gefäße
Caulophyllum	C6		Abort, drohender	Schwangerschaft / Entbind.
Caulophyllum	C30		Aphten (Stomatitis) (Mundfeil - Mundfäule)	Mund / Zähne
Caulophyllum	D4/C6		Gebärmutterkrämpfe (Uteruskrämpfe)	Frauenmittel
Caulophyllum	D4/C6		Krämpfe der Gebärmutter (Uterus)	Frauenmittel
Caulophyllum	C30		Mundfäule - Mundfeil - Stomatitis, Aphten	Mund / Zähne
Caulophyllum	C30		Rheuma der kleinen Gelenke	Rheuma
Caulophyllum	C30		Schmerzen der kleinen Gelenke	Schmerzen

Mittel	Potenz		Symptom / Erkrankung	Rubrik
Caulophyllum	C30		Stomatitis (Aphten)(Mundfeil - Mundfäule)	Mund / Zähne
Caulophyllum	C30		Wechseljahrbeschwerden	Frauenmittel
Caulophyllum	C30		Wehen (Schmerzen fehlen, Patientin ist erschöpft u. aufgeregt)	Schwangerschaft / Entbind.
Caulophyllum	D4		Wehenschwäche	Schwangerschaft / Entbind.
Chamomilla	D6/C30	C6	Aufstoßen (faulig; sauer)	Magen / Darm
Chamomilla	D6/C30	C6	Bronchitis (krampfartiger, trockener, kitzelnder Reizhusten)	Atemwege
Chamomilla	D6/C30	C6	durstig	Magen / Darm
Chamomilla	D6/C30	C6	Erbrechen, (bieteres, galliges)	Magen / Darm
Chamomilla	D6/C30	C6	Gallenkolik	Leber / Galle
Chamomilla	D6/C30	C6	Gebärmutter- (Uterusblutungen) klumpig, dunkeles Blut	Frauenmittel
Chamomilla	D6/C30	C6	Gerüche, empfindlich gegen alle; Schnupfen;	Sinne
Chamomilla	D6/C30	C6	Getragen (will getragen werden)	Psyche
Chamomilla	D6/C30	C6	Heiserkeit, räuspern,	Atemwege
Chamomilla	D6/C30	C6	Magenschmerzen (wie von einem Stein)	Magen / Darm
Chamomilla	D6/C30	C6	Ohrenschmerzen bei Kindern mit einseitiger Rötung (Wange, Ohr)	Ohren
Chamomilla	D6/C30	C6	Ohrenschmerzen mit Wundsein; stechend, Gefühl von Verstopfung;	Ohren
Chamomilla	D6/C30	C6	Ohrgeräusche (klingeln)	Ohren
Chamomilla	D6/C30	C6	Reizbarkeit	Psyche
Chamomilla	D6	C6	Husten (Reizhusten)	Atemwege
Chamomilla	D6	C6	Reizhusten (Husten)	Atemwege
Chamomilla	D6/C30	C6	Schmerzen (Magen - wie von einem Stein)	Schmerzen
Chamomilla	D6/C30	C6	Schmerzen (Ohren) mit Wundsein; stechend, Gefühl v.Verstopfung;	Ohren / Schmerzen
Chamomilla	D6/C30	C6	Schmerzen (plötzlich u. scheinbar unerträglich)	Schmerzen
Chamomilla	D6/C30	C6	Schmerzen (Zahn- und Kiefer - Stiche)	Schmerzen
Chamomilla	D6/C30	C6	Schnupfen (empfindlich gegen alle Gerüche)	Nase
Chamomilla	D6/C30	C6	Schweiß (nachts - nach Essen und Trinken)	Schweiß

Mittel	Potenz	Symptom / Erkrankung	Rubrik
Chamomilla	D6/C30	**Stuhl (schleimig-grün-stinkend)**	Magen / Darm
Chamomilla	D6/C30	taub (gefühllos)	Ohren
Chamomilla	D6/C30	**Übellaunigkeit, Unruhe und Kolik**	Psyche
Chamomilla	D6/C30	**Überempfindlichkeit** (Licht, Geräusche, Geschmack, Berührung)	Empfindung
Chamomilla	D6/C30	**Ungeduld und schlechte Laune**	Psyche
Chamomilla	D6/C30	Uterus- (Gebärmutterblutungen) klumpig, dunkeles Blut	Frauenmittel
Chamomilla	D6/C30	**Verzweifelt**	Psyche
Chamomilla	D6/C30	**Wehenschmerzen spastisch**	Schwangerschaft / Entbind.
Chamomilla	C30	Windeldermatitis	Haut
Chamomilla	D6/C30	Zahn- und Kieferschmerzen (Stiche)	Mund / Zähne
Chamomilla	C30	**Zahnungsbeschwerden**	Mund / Zähne
Cimicifuga	D6/C30	**Amenorrhoe (Ausbleiben der monatl. Regel)**	Frauenmittel
Cimicifuga	C6	Angina pectoris	Herz / Kreislauf
Cimicifuga	C6/C30	**Ausfluß (Fluor)**	Frauenmittel
Cimicifuga	C6/C30	Depressionen starke (mit Träumen von bevorstehendem Unheil)	Psyche
Cimicifuga	D6/C30	**Dysmenorrhoe (schmerzhafte Menstruation)**	Frauenmittel
Cimicifuga	C6/C30	**Fluor (Scheidensekret - Ausfluß)**	Frauenmittel
Cimicifuga	C6	Herzneurose	Herz / Kreislauf
Cimicifuga	D6	Hexenschuß	Nerven / Schmerzen
Cimicifuga	C30	**klimakterische Beschwerden**	Frauenmittel
Cimicifuga	D6/C30	Kopfschmerzen (starke)	Kopf / Schmerzen
Cimicifuga	C6/C30	**Krampwehen**	Schwangerschaft / Entbind.
Cimicifuga	D6/C30	**Menorrhagie (verlängerte Menstruation)**	Frauenmittel
Cimicifuga	D6/C30	**Menstruation (verlängert, o. Ausbleiben, o. schmerzhaft)**	Frauenmittel
Cimicifuga	D6/C30	Migräne	Kopf / Schmerzen
Cimicifuga	C6/C30	**Nachwehen**	Schwangerschaft / Entbind.

Mittel	Potenz	Symptom / Erkrankung	Rubrik
Cimicifuga	D6/C30	Ruhelosigkeit - Bewegungsdrang	Psyche
Cimicifuga	D6/C30	Schlaflosigkeit	Schlaf
Cimicifuga	D6	Schmerz (quer durch das Becken v. Hüfte zu Hüfte)	Schmerzen
Cimicifuga	C6/C30	Schmerz und Erregung	Schmerzen
Cimicifuga	D6	Schmerzen (Muskel-, krampfartige, nervöse)	Schmerzen
Cimicifuga	C30	Schmerzen (Rücken - Wirbelsäule)	Schmerzen
Cimicifuga	D6/C30	Schwäche, große; und Zittern am ganzen Körper	Geist / Gemüt / Befinden
Cimicifuga	C30	Wechseljahrbeschwerden	Frauenmittel
Cimicifuga	D6/C30	zittern am ganzen Körper und große Schwäche	Muskeln / Nerven
Cocculus	C30	Erschöpfung	Befinden
Cocculus	D6/C30	Ausfluß (Fluor)	Frauenmittel
Cocculus	D6/C30	Dysmenorrhoe (schmerzhafte Menstruation)	Frauenmittel
Cocculus	D6/C30	Erbrechen	Magen / Darm
Cocculus	D6/C30	Erschöpfung nach geistiger Überanstrengung	Geist / Gemüt / Befinden
Cocculus	D6/C30	Fluor (Scheidensekret - Ausfluß)	Frauenmittel
Cocculus	C30	Gemüt: kann Widerspruch nicht vertragen, spricht hastig, launisch,	Geist / Gemüt / Befinden
Cocculus	D6/C30	Geschmack (metallisch)	Sinne
Cocculus	D6	Hyperemesis gravidarum	Schwangerschaft / Entbind.
Cocculus	D6	Ischialgie	Nerven
Cocculus	C30	klimakterische Beschwerden	Frauenmittel
Cocculus	D6/C30	Knacken der Halswirbel beim Kopfbewegen	Befinden
Cocculus	D6/C30	Knacken der Knie bei Bewegung	Befinden
Cocculus	D6/C30	Kopfschmerzen	Kopf / Schmerzen
Cocculus	D6/C30	Krankheitsauslöser: Sorge um die Gesundheit einer geliebten Person	Ursache
Cocculus	D6/C30	Menorrhagie (verlängerte Menstruation)	Frauenmittel
Cocculus	D6/C30	Migräne	Kopf / Schmerzen

Mittel	Potenz	Symptom / Erkrankung	Rubrik
Cocculus	D6	**Reisekrankheit**	Reisekrankheit
Cocculus	D6	Schmerzen (im Kreuz, Schultern u. Armen wie Prellung)	Schmerzen
Cocculus	D6	Schmerzen (im Leistenring)	Schmerzen
Cocculus	D6	**Schwäche (als Folge von Schlafmangel)**	Geist / Gemüt / Befinden
Cocculus	D6	Schwangerschaftserbrechen metallischer Geschmack, Schluckauf	Schwangerschaft / Entbind.
Cocculus	D6/C30	**Schweiß (kalt - bei geringster Anstrengung)**	Schweiß
Cocculus	D6/C30	Schwindel (bei jeder Bewegung mit großer Übelkeit)	Geist / Gemüt / Befinden
Cocculus	D6/C30	Taubheitsgefühl (Hände und Füße)	Nerven
Cocculus	D6/C30	Übelkeit (bereits beim Geruch von Speisen)	Magen / Darm
Cocculus	D6	**Übelkeit durch Autofahren**	Reisekrankheit
Cocculus	D6/C30	Verdauungsstörungen (nervöse)	Magen / Darm
Cocculus	C30	**Wechseljahrbeschwerden**	Frauenmittel
Coffea	D6	**Kopfschmerzen (durch geistige Überanstrengung)**	Kopf / Schmerzen
Coffea	D6	**Krankheitsauslöser: Tabak, Alkohol, Kaffee**	Ursache
Coffea	D6	**Migräne (als ob ein Nagel in den Kopf getrieben würde)**	Kopf / Schmerzen
Coffea	D6	Nervenschmerzen	Nerven / Schmerzen
Coffea	D6	nervöse Erregung, große- ; Ruhelosigkeit	Nerven / Psyche
Coffea	D6	Ruhelosigkeit - große, nervöse Erregung	Nerven / Psyche
Coffea	D6	Schlaflosigkeit (infolge geistiger Aktivität-gestört d. Jucken im Anus)	Schlaf
Coffea	D6	Schmerzen (Nerven, Trigeminus) - treiben zur Verzweiflung	Schmerzen
Coffea	D6	Trigeminusneuralgie	Kopf / Schmerzen
Coffea	D6	Überempfindlichkeit (Vagina)	Sinne
Colocyntis	D6	Blasenkrämpfe nach Operationen	Niere / Blase / Harnwege
Colocyntis	D6	**Diarrhoe**	Magen / Darm
Colocyntis	D6	**Durchfall**	Magen / Darm
Colocyntis	D6	**Erbrechen (schmerzbedingt)**	Magen / Darm

Mittel	Potenz	Symptom / Erkrankung	Rubrik
Colocyntis	D6	Gallenkolik	Leber / Galle
Colocyntis	D6	Gastroenteritis	Magen / Darm
Colocyntis	D6	Kopfschmerzen (neuralgisch)	Kopf / Schmerzen
Colocyntis	D6	Magenschmerzen (als Folge von Erregung)	Magen / Darm
Colocyntis	D6	Nierenkolik	Niere / Blase / Harnwege
Colocyntis	D6	Schmerzen (kolik-, krampfartig d.Hohlorgane, Bauchkrümmen)	Schmerzen
Colocyntis	D6	Schmerzen beim Wasserlassen im ganzen Bauch	Schmerzen
Colocyntis	D6	Wasserlassen, klebrig, stinkend, kl. Menge, häufig Drang, jucken	Niere / Blase / Harnwege
Cuprum acet	D4	Wehen, sich hinziehende	Schwangerschaft / Entbind.
Cuprum metall	C30	Fieberkrampf	Fieber
Cuprum metall	C30	Angina pectoris	Herz / Kreislauf
Cuprum metall	C30	Asthma bronchiale	Atemwege
Cuprum metall	C30	Geschmack (metallisch - schleimig) mit Speichelfluß	Sinne
Cuprum metall	C30	Husten (Krampfhusten)	Atemwege
Cuprum metall	C30	Kieferkrampf	Krämpfe / Spannungen
Cuprum metall	C30	Kollapsneigung	Herz / Kreislauf
Cuprum metall	C30	Konvulsionen (Schüttelkrämpfe) beginnend in Finger und Zehen - in der Gesichtsmuskulatur (bläul. Gesicht)	Krämpfe / Spannungen
Cuprum metall	C30	Krämpfe (in jedem Organsystem - besonders in den Handtellern)	Krämpfe / Spannungen
Cuprum metall	C30	Magen-Darm-Koliken (heftig)	Magen / Darm
Cuprum metall	C30	Muskelzuckungen	Nerven / Zuckungen
Cuprum metall	C30	Nachwehen	Schwangerschaft / Entbind.
Cuprum metall	C30	Sohlenkrämpfe - Wadenkrämpfe	Krämpfe / Spannungen
Cuprum metall	C30	Spasmen (in jedem Organsystem)	Krämpfe / Spannungen
Cuprum metall	C30	Übelkeit (stark)	Magen / Darm
Cuprum metall	C30	Wadenkrämpfe - Sohlenkrämpfe	Krämpfe / Spannungen

Mittel	Potenz	Symptom / Erkrankung	Rubrik
Cuprum metall	C30	**Zuckungen und Konvulsionen**	Nerven / Zuckungen
Drosera	C30	Asthma bronchiale (beim Reden)	Atemwege
Drosera	C30	Blutungen (aus Nase und Mund)	Verletzungen / Blutungen
Drosera	C30	**Bronchitis** (trockener, bellender, hohlklingender, krampfartiger, quälender Husten - wie Keuchhusten)	Atemwege
Drosera	C30	Fieber (Frösteln innen, Zittern, heißes Gesicht, kalte Hände, kein Durst)	Fieber
Drosera	C30	Heiserkeit (chron.) Laryngitis; tiefe heisere Stimme;	Atemwege
Drosera	C30	**Husten:** trockener, bellender, hohlklingender, krampfartiger, quälender Husten, Anfälle folgen rasch aufeinander, gelber Auswurf	Atemwege
Drosera	C30	**Kehlkopfentzündung (akut u. chron.)**	Atemwege
Drosera	C30	**Keuchhusten**	Atemwege
Drosera	C30	**Laryngitis (Kehlkopfentzündung) akut und chron.**	Hals / Atemwege
Drosera	C30	Nasenbluten	Nase
Drosera	C30	Husten (Reizhusten)	Atemwege
Drosera	C30	Reizhusten (Husten)	Atemwege
Drosera	C30	Schmerzen (stechend in der Brust)	Schmerzen
Drosera	C30	Schwindel (beim Gehen im Freien mit Neigung nach li. zu fallen)	Geist / Gemüt / Befinden
Drosera	C30	Würgereiz	Magen / Darm
Dulcamara	D6/C30	Asthma bronchiale	Atemwege
Dulcamara	D6/C30	**Ausschlag auf der Haut (vor der Menses)**	Haut / Schleimhaut
Dulcamara	D6/C30	Bindehautentzündung (jede Erkältung schlägt aufs Auge)	Augen / Entzündungen
Dulcamara	D6/C30	Blasenentzündung (Urin dickes, schleimiges, eitriges Sediment, Harnzwang)	Niere / Blase / Harnwege
Dulcamara	D6/C30	Bronchitis	Atemwege
Dulcamara	D6/C30	Diarrhoe (wässrig-gelb)	Magen / Darm
Dulcamara	D6	**Drüsenbeschwerden**	Drüsen
Dulcamara	D6/C30	Durchfall (wässrig-gelb)	Magen / Darm

Mittel	Potenz	Symptom / Erkrankung	Rubrik
Dulcamara	C30	Durst, brennender -, auf kalte Getränke, Widerwille gegen Nahrung;	Magen / Darm
Dulcamara	D6/C30	Erbrechen (weißer, zäher Schleim) brennender Durst auf kalte Getränke	Magen / Darm
Dulcamara	D6	Gefühl (sich erkältet zu haben)	Empfindung
Dulcamara	D6/C30	Gürtelrose	Haut / Schleimhaut
Dulcamara	D6	Herpes (labialis o. zoster, - Lippenherpes o. Gürtelrose)	Haut / Schleimhaut
Dulcamara	D6	Herpes, Lippen-,	Haut / Schleimhaut
Dulcamara	D6/C30	Juckreiz (ständig)	Haut / Schleimhaut
Dulcamara	D6	Krankheitsbeginn (plötzl. Wechsel von Wärme u. Kälte; Sitzen auf kaltem Boden; auf heißen Tag folgt kalter Abend)	Ursache
Dulcamara	D6/C30	Nesselsucht, (Gesicht, Genitalien, Händen u.s.w.)	Haut / Schleimhaut
Dulcamara	D6/C30	rheumatische Beschwerden (bei feuchter Kälte)	Rheuma
Dulcamara	D6/C30	Schleimhautabsonderungen (Haut bleibt trocken)	Haut / Schleimhaut
Dulcamara	D6	Schmerz (schneidend - um den Nabel)	Schmerzen
Dulcamara	D6	Schnupfen (trocken, verstopft bei kaltem Regen)	Nase
Dulcamara	D6/C30	Sodbrennen	Magen / Darm
Dulcamara	D6/C30	Speichel - zäh, seifig	Mund / Zähne
Dulcamara	D6/C30	Urin (übelriechend,dickes,schleimiges, eitriges Sediment, Harnzwang)	Niere / Blase / Harnwege
Dulcamara	C30	Warzen, weiche- (groß, glatt, im Gesicht, Handflächen)	Haut / Schleimhaut
Eupatorium	D6/C30	Durst (groß)	Magen / Darm
Eupatorium	D6/C30	Erbrechen von Galle	Magen / Darm
Eupatorium	D6	Fieber (mit starkem Zerschlagenheitsgefühl u. Gliederschmerzen)	Fieber
Eupatorium	D6/C30	Fieber (Schüttelfrost zw. 7 und 9 Uhr)	Fieber
Eupatorium	D6	grippaler Infekt	Erkältungskrankheiten
Eupatorium	D6/C30	Heiserkeit	Atemwege
Eupatorium	D6/C30	Husten (trocken und sehr schmerzhaft)	Atemwege
Eupatorium	C30	Influenza (unbedingt den Arzt aufsuchen!)	Infektion
Eupatorium	C30	Leberschwellung, Lebergebiet schmerzhaft	Leber / Galle

Mittel	Potenz		Symptom / Erkrankung	Rubrik
Eupatorium	D6/C30	D6	Kopfschmerzen (klopfend, pulsierend, Druck wie von einer Bleikappe um d. Schädel; Hinterkopfschmerz n. d. Hinlegen mit Schweregefühl)	Kopf / Schmerzen
Eupatorium	C30	D6	Malaria (unbedingt den Arzt aufsuchen!)	Infektion
Eupatorium	D6	D6	Mund: Risse in Mundecken	Mund / Zähne
Eupatorium	D6	D6	Risse in den Mundecken	Mund / Zähne
Eupatorium	D6	D6	Schluckauf	Magen / Darm
Eupatorium	C30	D6	Schmerzen (Lebergebiet)	Schmerzen
Eupatorium	D6/C30	D6	Schmerzen, Glieder-; Fieber, Zerschlagenheitsgefühl	Schmerzen
Eupatorium	D6/C30	D6	Schüttelfrost (zw. 7 und 9 Uhr)	Fieber
Eupatorium	D6/C30	D6	Schwindel (Gefühl nach links zu fallen)	Geist / Gemüt / Befinden
Euphrasia	C30	C30	Allergische Rhinitis (allerg. Schnupfen Pollinosis)	Allergie
Euphrasia	C30	C30	Augen brennen und jucken	Augen / Entzündungen
Euphrasia	C30	C30	Augen schwimmen dauernd	Augen / Entzündungen
Euphrasia	C30	C30	Husten heftig u. massenhaft Auswurf u. starker Fließschnupfen	Atemwege
Euphrasia	C30	C30	Jucken und brennen der Augen	Augen / Entzündungen
Euphrasia	C30	C30	Kopfschmerz (katarrhalischer)	Kopf / Schmerzen
Euphrasia	C30	C30	Lidkrampf	Augen / Entzündungen
Euphrasia	C30	C30	Menses schmerzhaft, zu spät, zu kurz	Frauenmittel
Euphrasia	C30	C30	Prostatitis	Männermittel
Euphrasia	C30	C30	Rhinitis allergisch - Pollinosis	Atemwege
Euphrasia	C30	C30	Schnupfen (Fließ-) starker; heftigem Husten u. massenhaft Auswurf	Nase
Euphrasia	C30	C30	Tränenfluß (beißend - brennend)	Augen / Entzündungen
Ferrum phos.	C30	D12	Schwäche	Befinden
Ferrum phos.	C30	D12	Bettnässen, Einnässen (tagsüber)	Niere / Blase / Harnwege
Ferrum phos.	C30	D12	Bronchitis	Atemwege
Ferrum phos.	C30	D12	Einnässen, Bettnässen tagsüber	Niere / Blase / Harnwege

Mittel	Potenz		Symptom / Erkrankung	Rubrik
Ferrum phos.	D12	D12	**Entzündungen**	Entzündungen
Ferrum phos.	D12/C30	D12	**Erbrechen (unverdauter Nahrung)**	Magen / Darm
Ferrum phos.	D12	D12	**Fieber (hoch) ohne sonstige Begleiterscheinungen**	Fieber
Ferrum phos.	D12	D12	**Fieber (subakut und akut)**	Fieber
Ferrum phos.	D12/C30	D12	Husten (kitzelnd, hart, trocken mit wunder Brust - nachts besser!)	Atemwege
Ferrum phos.	D12/C30	D12	**Infektionskrankheiten**	Infektion
Ferrum phos.	C30	D12	Inkontinenz - Urinverlust (Urin spritzt bei jedem Husten heraus)	Niere / Blase / Harnwege
Ferrum phos.	D12/C30	D12	Lungenentzündung - Pneumonie (Auswurf v. reinem Blut)	Atemwege
Ferrum phos.	D12	D12	Nasenblutungen (hellrotes Blut)	Nase
Ferrum phos.	D12/C30	D12	Ohrerkrankungen (Tubenkatarrh, Otitis media-Mittelohrentzündung)	Ohren
Ferrum phos.	D12/C30	D12	Pneumonie - Lungenentzündung (Auswurf v. reinem Blut)	Atemwege
Ferrum phos.	C30	D12	Puls (kurz, rasch, weich)	Herz / Kreislauf
Ferrum phos.	D12/C30	D12	**Schmerz (bei Berührung)**	Schmerzen
Ferrum phos.	D12/C30	D12	**Tubenkatarrh - Mittelohrentzündung**	Ohren
Ferrum phos.	C30	D12	Urinverlust - Urinverlust (Urin spritzt bei jedem Husten heraus)	Niere / Blase / Harnwege
Gelsemium	C30	D6	**Nervenlähmung**	Nerven
Gelsemium	C30	D6	**Paresen -** Nervenlähmung	Nerven
Gelsemium	C30	D6	**Schwäche,** Benommenheit, Ermüfungsgefühl, Muskelschwäche	Befinden
Gelsemium	D6/C30	D6	**Apathie** (Teilnahmslosigkeit) **die eigene Krankheit betreffend**	Befinden
Gelsemium	C30	D6	Augen, **lidlähmung;** Schwere, Schwäche,	Augen / Entzündungen
Gelsemium	D6/C30	D6	Ausschlag (masernartig - juckend)	Haut / Schleimhaut
Gelsemium	C6/C30	D6	Benommenheit - Schwindel v. Hinterkopf her - Betäubung und Zittern	Geist / Gemüt / Befinden
Gelsemium	C30	D6	Diphtherie (postdiphtherische Paralyse - **Lähmung)**	Infektion
Gelsemium	D6/C30	D6	Ermüdungsgefühl	Empfindung
Gelsemium	D6/C30	D6	Geschmack (faulig)	Sinne
Gelsemium	D6/C30	D6	Gesicht (heiß, schwer, gerötet, berauscht aussehend)	Gesicht

Mittel	Potenz		Symptom / Erkrankung	Rubrik
Gelsemium	D6	D6	grippaler Infekt langsames Atmen, trockener Husten, wunde Brust	Erkältungskrankheiten
Gelsemium	D6/C30		Harnflut	Niere / Blase / Harnwege
Gelsemium	D6/C30		Haut (heiß u. trocken, juckend, masernartiger Ausschlag)	Haut / Schleimhaut
Gelsemium	D6/C30		Herz, arrhythmisch, Gefühl, als ob es nötig wäre, in Bewegung zu bleiben, andernfalls die Herztätigkeit aufhören würde.	Herz / Kreislauf
Gelsemium	C30		hysterische Schwachsichtigkeit	Augen / Entzündungen
Gelsemium	D6/C30		Juckreiz (Ausschlag masernartig)	Haut / Schleimhaut
Gelsemium	C30		Lähmung, Augenlid,	Augen / Entzündungen
Gelsemium	C30		Lähmung, motorische (verschiedene Grade u. Muskelgruppen)	Muskel
Gelsemium	D6/C30		Lampenfieber (Prüfungsangst) mit Zittern	Psyche
Gelsemium	C30		Masern	Infektion
Gelsemium	C6		Mattigkeit	Befinden
Gelsemium	D6/C30		Migräne	Kopf / Schmerzen
Gelsemium	C30		Muskel (motorische Lähmung versch. Grade)	Muskel
Gelsemium	C6		Muskelschwäche	Muskel
Gelsemium	D6/C30		Prüfungsangst (Lampenfieber) mit Zittern	Psyche
Gelsemium	D6/C30		Puls (schwach, langsam in Ruhe, stark beschleunigt in Bewegung, unterdrückbar)	Herz / Kreislauf
Gelsemium	C30		Scharlach	Infektion
Gelsemium	D6/C30		Schläfrigkeit	Befinden
Gelsemium	D6/C30		Schmerz (Hinterkopf,Schläfenschmerz in Ohr,Nase,Kinn ausstrahlend)	Schmerzen
Gelsemium	C30		Schwachsichtigkeit, hysterische	Augen / Entzündungen
Gelsemium	C6/C30		Schwindel v. Hinterkopf her, Benommenheit, Betäubung u.Zittern;	Geist / Gemüt / Befinden
Gelsemium	D6/C30		Teilnahmslosigkeit (Apathie) die eigene Krankheit betreffend	Befinden
Gelsemium	C6/C30		Zittern - Schwindel - Benommenheit - Betäubung	Geist / Gemüt / Befinden
Gelsemium	D6/C30		Zuckungen der Muskeln	Muskel / Zuckungen

Mittel	Potenz	Symptom / Erkrankung	Rubrik
Gelsemium	D6/C30	Zunge (taub, dick, zitternd)	Mund / Zähne
Hepar sulf.	D12	**Eiterungen**	Entzündungen / Haut
Hepar sulf.	D12	Abszeß, nach Eröffnung von einem-,	Entzündungen
Hepar sulf.	D12	**Abszesse**	Entzündungen / Haut
Hepar sulf.	D12	**Akne, Bläschen, Blasen und Pustel**	Entzündungen / Haut
Hepar sulf.	D12	**Angina tonsillaris (Mandelentzündung - eitrig)**	Atemwege
Hepar sulf.	D12/C30	Asthma bronchiale	Atemwege
Hepar sulf.	C30	**Augen - Hornhautgeschwüre**	Augen / Entzündungen
Hepar sulf.	D12/C30	**Ausdünstung (dauernde, übelriechende)**	Schweiß
Hepar sulf.	D12	Bronchitis (mit dickem, gelbem Sekret)	Atemwege
Hepar sulf.	D12	**Eiterungen, Neigung zu-, (bei geringster Verletzung)**	Entzündungen
Hepar sulf.	D12	Entzündungen (akut, eitrig) (Hals-, Nasen-, Ohrenbereich)	Entzündungen
Hepar sulf.	D12/C30	Erstickungsanfall (Husten - Bronchitis)	Atemwege
Hepar sulf.	D12	**Furunkel**	Entzündungen / Haut
Hepar sulf.	D12/C30	**Geruch: wie von altem Käse**	Sinne
Hepar sulf.	D12	**Halsentzündung (Angina, Kehlkopf, eitrig) Laryngitis / Tonsillitis**	Atemwege
Hepar sulf.	D12/C30	Halsgefühl: beim Schlucken Kloß- oder Splittergefühl	Atemwege
Hepar sulf.	D12/C30	**Haut (ungesund, tiefe Risse an Händen und Füßen)**	Entzündungen / Haut
Hepar sulf.	D12	**Herpes (Kälteherpes)**	Entzündungen / Haut
Hepar sulf.	D12/C30	Heufieber	Allergie
Hepar sulf.	C30	**Hornhautgeschwüre**	Augen / Entzündungen
Hepar sulf.	D12/C30	Husten (bei Blöße oder Kälte eines Körperteils, o. kalte Speisen) (rasselnd, krächzend, feucht, erstickend)	Atemwege
Hepar sulf.	D12	**Karbunkel**	Entzündungen / Haut
Hepar sulf.	D12/C30	Lungenentzündung - Pneumonie (Auswurf dickes, gelbes Sekret)	Atemwege
Hepar sulf.	D12	**Mandelentzündung (Angina tonsillaris - eitrig)**	Atemwege

40

Mittel	Potenz		Symptom / Erkrankung	Rubrik
Hepar sulf.	D12	D12	Mittelohrvereiterung (Otitis media - eitrig)	Ohren
Hepar sulf.	D12	D12	Nase (Schnupfen eitrig) Rhinitis - Sinusitis	Nase
Hepar sulf.	D12/C30	D12	Nesselsucht, chron. Und wiederkehrende	Entzündungen / Haut
Hepar sulf.	**D12**	D12	Ohrerkrankungen (Otitis media-Mittelohrentzündung eitrig)	Ohren
Hepar sulf.	**D12/C30**	D12	Pfeifen und pulsieren in den Ohren mit Hörstörungen	Ohren
Hepar sulf.	D12/C30	D12	Pneumonie - Lungenentzündung (Auswurf dickes, gelbes Sekret)	Atemwege
Hepar sulf.	D12/C30	D12	Pseudokrup	Atemwege
Hepar sulf.	D12/C30	D12	**Risse tiefe-, (an Händen und Füßen)**	Entzündungen / Haut
Hepar sulf.	C30	D12	Scharlach, Taubheit nach-,	Infektion
Hepar sulf.	D12/C30	D12	Schmerzen (Splitterschmerz in den entzündeten Teilen)	Schmerzen
Hepar sulf.	D12/C30	D12	Stuhl (sauer, weiß, unverdaut, stinkend)	Magen / Darm
Hepar sulf.	D12/C30	D12	Tinnitus (Ohrgeräusche) u. pulsieren mit Hörstörungen	Ohren
Hepar sulf.	D12/C30	D12	Tonsillitis (Seitenstrangangina) Kloß- u Splittergefühl im Rachen,	Hals / Atemwege
Hepar sulf.	D12/C30	D12	Seitenstrangangina (Tonsillitis) Kloß- u Splittergefühl im Rachen,	Hals / Atemwege
Hyoscyamus	D6		Aufstoßen (leer, bitter)	Magen / Darm
Hyoscyamus	D6		Eifersucht	Psyche
Hyoscyamus	D6		Epilepsie	Erkrankungen / Diagnosen
Hyoscyamus	D6		**Flockenlesen**	Psyche
Hyoscyamus	D6		**Geschwätzigkeit (groß)**	Verhalten
Hyoscyamus	D6		**Halluzinationen, Wahnideen**	Psyche
Hyoscyamus	D6		Husten (krampfartiger, trockener Kitzelhusten, schlimmer nachts)	Atemwege
Hyoscyamus	D6		lachen, geneigt; über alles zu-;	Psyche
Hyoscyamus	D6		**Manie einer streitsüchtigen und obszönen Art**	Psyche
Hyoscyamus	D6		Schluckauf (Aufstoßen, leer, bitter)	Magen / Darm
Hyoscyamus	D6		Sklerose, cerebral-,	Herz / Kreislauf
Hyoscyamus	D6		**streitsüchtige und obszöne Art,**	Psyche

41

Mittel	Potenz	Symptom / Erkrankung	Rubrik
Hyoscyamus	D6	Stuhl (unfreiwilliger Abgang) Durchfall	Magen / Darm
Hyoscyamus	D6	Übererregbarkeit	Nerven
Hyoscyamus	D6	Urin (unfreiwilliger Abgang)	Niere / Blase / Harnwege
Hyoscyamus	D6	Verhaltensstörungen (bei Kinder)	Psyche
Hyoscyamus	D6	Zuckungen (tremor)	Muskel / Zuckungen
Hypericum	D6	Ausschlag (scheint unter der Haut zu sein)	Haut / Schleimhaut
Hypericum	D6	Bissverletzung (Tier)	Wunde / Verletzungen
Hypericum	D6	Brandwunde	Wunde / Verletzungen
Hypericum	D6	Commotio cerebri (Gehirnerschütterung) - Contusio cerebri	Kopf
Hypericum	D6	Depressionen	Psyche
Hypericum	D6	Gehirnerschütterung (Commotio cerebri)	Kopf
Hypericum	D6	Haarausfall	Haare / Nägel
Hypericum	D6	Hämorrhoiden	Magen / Darm
Hypericum	D6	Juckreiz	Haut / Schleimhaut
Hypericum	D6	Melancholie	Psyche
Hypericum	D6	Nervenverletzungen	Nerven
Hypericum	D6	Neuralgien (im Rahmen von Verletzungen oder Operationen)	Nerven / Schmerzen
Hypericum	D6	Nevenschädigung (mit stechenden,schießenden Schmerzen)	Wunde / Verletzungen
Hypericum	D6	Quetschungen (aufgeplatzt)	Wunde / Verletzungen
Hypericum	D6	Schmerzen (Nervenschädigung, Steißbeinverletzung)	Schmerzen
Hypericum	D6	Schweiß (übermäßig)	Schweiß
Hypericum	D6	Steißbeinverletzungsschmerzen	Knochen
Hypericum	D6	Stichverletzung	Wunde / Verletzungen
Hypericum	D6	Verletzungen (frische, Quetschungen, Brand-, Stichwunde, Tierbisse)	Wunde / Verletzungen
Ignatia	C30	Heimweh	Geist / Gemüt / Befinden
Ignatia	C30	beißt leicht auf die Wangeninnenseite	Mund / Zähne

Mittel	Potenz	Symptom / Erkrankung	Rubrik
Ignatia	C30	Blähungen (Meteorismus),stark	Magen / Darm
Ignatia	C30	depressive Verstimmung - seufzen und schluchzen	Psyche
Ignatia	C30	Gemüt: introvertiert,traurig,tränenreich,melancholisch,verschlossen	Psyche
Ignatia	C30	Geschmack (sauer)	Sinne
Ignatia	C30	Globus hystericus (Kloß im Hals)	Psyche
Ignatia	C30	Halsschmerzen (besser durch schlucken)	Hals / Schmerzen
Ignatia	C30	Hysterie (Wutausbrüche aus unbedeutendem Anlaß, Lach- u. Weinkrämpfe)	Psyche
Ignatia	C30	Juckreiz - Nesselfieber	Haut / Schleimhaut
Ignatia	C30	Kopfschmerzen (besser durch bücken)	Kopf / Schmerzen
Ignatia	C30	Krämpfe (der Skelett- und glatten Muskulatur)	Krämpfe / Spannungen
Ignatia	C30	Kummer (still,nach vorausgegangener Enttäuschung,Liebeskummer)	Psyche
Ignatia	C30	Kummerarznei (Beschwerden ausgelöst durch Kummer)	Psyche
Ignatia	C30	Magenschmerzen (besser durch essen)	Magen / Darm
Ignatia	C30	Mandelentzündung (Angina tonsillaris - Tonsillitis)	Hals / Atemwege
Ignatia	C30	Nervenzusammenbruch (hysterisch)	Psyche
Ignatia	C30	Nesselfieber - Juckreiz	Haut / Schleimhaut
Ignatia	C30	Schlaflosigkeit (infolge infolge Kummer, Sorgen)	Schlaf
Ignatia	C30	Speichel (dauernd reichlich)	Mund / Zähne
Ignatia	C30	Speiseröhrenkrampf (mit Globusgefühl)	Krämpfe / Spannungen
Ignatia	C30	Stuhlgang (danach schmerzhafte Einschnürung des Anus)	Magen / Darm
Ignatia	C30	Tonsillitis (Seitenstrangangina) Kloßgefühl kann nicht weggeschluckt werden	Hals / Atemwege
Ignatia	C30	Seitenstrangangina (Tonsillitis) Kloßgefühl kann nicht weggeschluckt werden	Hals / Atemwege
Ignatia	C30	Widersprüche große und paradoxe Symptomatik	Psyche
Ignatia	C30	Wundheit (besonders um Vagina und Mund)	Wunde / Verletzungen
Ignatia	C30	Zuckungen (der Muskeln im Gesicht und Lippen) (beim Einschlafen)	Muskel / Zuckungen
Ipecacuanha	C30	Asthma bronchiale	Atemwege

Mittel	Potenz	Symptom / Erkrankung	Rubrik
Ipecacuanha	D6	Blutungen (hellrot und reichlich)	Verletzungen / Blutungen
Ipecacuanha	D6	**Bronchitis (mit dickem, gelbem Sekret)**	Atemwege
Ipecacuanha	D6/C30	**Diarrhoe (wässrig-gelb-schaumig)**	Magen / Darm
Ipecacuanha	D6/C30	**Durchfall (wässrig-gelb-schaumig)**	Magen / Darm
Ipecacuanha	D6	Erbrechen (mit ständiger Übelkeit) ohne Erleichterung, selbst bei leerem Magen	Magen / Darm
Ipecacuanha	D6	Fieber (mit Unterbrechungen) Schüttelfrost, viel Hitze u. Übelkeit	Fieber
Ipecacuanha	D6/C30	Gastroenteritis	Magen / Darm
Ipecacuanha	D6/C30	**Heiserkeit**	Hals / Atemwege
Ipecacuanha	D6/C30	**Husten** (Keuchhusten, trockener, erstickender, mit Schleimrasseln) unaufhörlich und heftig mit jedem Atemzug	Atemwege
Ipecacuanha	C30	**Keuchhusten**	Atemwege
Ipecacuanha	C30	Menses zu reichlich und zu früh	Frauenmittel
Ipecacuanha	D6/C30	Migräne	Kopf / Schmerzen
Ipecacuanha	D6	Ohnmacht (als Folge von Blutverlust)	Herz / Kreislauf
Ipecacuanha	D6	Schüttelfrost, leichtester-, (mit viel Hitze und Übelkeit)	Fieber
Ipecacuanha	D6/C30	**Schwangerschaftserbrechen**	Schwangerschaft / Entbind.
Ipecacuanha	D6/C30	**Speichelfluß (stark)**	Mund / Zähne
Ipecacuanha	D6/C30	Stuhl (wie schaumige Melasse)	Magen / Darm
Ipecacuanha	D6	Übelkeit (ständig mit Erbrechen ohne Erleichterung, auch bei leerem Magen)	Magen / Darm
Iris	D6	**Ausschlag mit nächtlichem Juckreiz**	Haut / Schleimhaut
Iris	D6	**Herpes zoster verbunden mit Magenstörungen**	Haut / Schleimhaut
Iris	D6	**Juckreiz, nächtlicher-, (Ausschlag)**	Haut / Schleimhaut
Iris	D6	Psoriasis	Haut / Schleimhaut
Iris	D6	**Schwangerschaftserbrechen** sauer, blutig, gallig, Übelkeit, wenig Appetit	Schwangerschaft / Entbind.
Iris	D6	**Sommerdiarrhoe**	Magen / Darm

Mittel	Potenz	Symptom / Erkrankung	Rubrik
Iris	D6	Trigeminusneuralgie	Nerven / Schmerzen
Iris	**C30**	Verstopfung	Magen / Darm
Iris	D6	Appetitmangel	Magen / Darm
Iris	D6	**Augen, Schleier vor den-,**	Augen
Iris	D6	Brennen (Verdauungstrakt, Hals, Magen, Anus,)	Magen / Darm
Iris	D6	Cholera	Infektion
Iris	D6	**Diarrhoe und Sehstörungen**	Magen / Darm
Iris	D6	**Durchfall u. Sehstörungen / Nachtdurchfall mit Schmerz u.grün**	Magen / Darm
Iris	D6	**Klingeln, Dröhnen, Summen in den Ohren mit Taubheit**	Ohren
Iris	D6	**Kopfschmerz (Stirn, rechte Schläfe - mit Übelkeit)**	Kopf / Schmerzen
Iris	D6	**Kropf (Schilddrüse)**	Drüsen / Stoffwechsel
Iris	D6	**Migräne (mit saurem Erbrechen)**	Kopf / Schmerzen
Iris	D6	**Ohren (klingeln, dröhnen, summen mit Taubheit**	Ohren
Iris	D6	**Schiddrüse (Kropf - Vergrößerung)**	Drüsen / Stoffwechsel
Iris	D6	**Schleier vor den Augen**	Augen
Iris	D6	Schmerzen (Hals, Magen, Anus,Darm, Ischias, li. Hüftgelenk bis Knie)	Schmerzen
Iris	D6	Schwindel (von den Ohren her mit starken Geräuschen in d. Ohren)	Geist / Gemüt / Befinden
Iris	D6	**Sehstörungen und Durchfall**	Magen / Darm
Iris	D6	**Speichelfluß (stark, fädig)**	Mund / Zähne
Iris	D6	**Stoffwechselstörung (Schilddrüse, Bauchspeicheldrüse,)**	Drüsen / Stoffwechsel
Iris	D6	**Tinnitus (Ohrgeräusche) mit Taubheit**	Ohren
Kalium carb.	C6/C30	**Abortneigung**	Schwangerschaft / Entbind.
Kalium carb.	C6/C30	**Angstgefühl (im Magen)**	Psyche
Kalium carb.	C6/C30	Aufstoßen, saures-, (Übelkeit)	Magen / Darm
Kalium carb.	C6/C30	**Augenlider - Ödemneigung**	Ödeme / Augen
Kalium carb.	C6/C30	Beine und Rücken geben nach	Muskeln / Nerven

Mittel	Potenz	Symptom / Erkrankung	Rubrik
Kalium carb.	C6/C30	Blähungskolik	Magen / Darm
Kalium carb.	C6/C30	**Heisekeit und Verlust der Stimme**	Hals / Atemwege
Kalium carb.	C6/C30	**Husten** (trocken, hart, gegen ca. 3 Uhr, u. stechenden Schmerzen)	Atemwege
Kalium carb.	C6/C30	Kopfschmerzen (durch Fahren im kalten Wind, beginnt mit Gähnen)	Kopf / Schmerzen
Kalium carb.	C6/C30	**Nachwehen (eines der besten Mittel)**	Schwangerschaft / Entbind.
Kalium carb.	C6/C30	**Ödemneigung an den Augenlider**	Ödeme / Augen
Kalium carb.	C6/C30	Rheumatische Beschwerden	Rheuma
Kalium carb.	C6/C30	**Schmerzen (heftig und schneidend) pulsierend**	Schmerzen
Kalium carb.	C6/C30	Schweiß und Rückenschmerzen (nach geringster Anstrengung)	Schweiß
Kalium carb.	C6/C30	Schwindel (beim Drehen)	Geist / Gemüt / Befinden
Kalium carb.	C6/C30	**Stimmverlust**	Hals / Atemwege
Kalium carb.	C6/C30	**Überempfindlich gegen Schmerzen, Geräusch, Berührung**	Geist / Gemüt / Befinden
Kalium carb.	C6/C30	Verstopfung	Magen / Darm
Lachesis	C30	**Alkoholismus** - Redelust, Schmerz im Kopf beim Aufwachen	Geist / Gemüt / Befinden
Lachesis	C30	**septische Prozesse**	Entzündungen
Lachesis	C30	**Scharlach (unbedingt den Arzt aufsuchen!)**	Infektion
Lachesis	C30	Angina pectoris	Herz / Kreislauf
Lachesis	C30	**Angina tonsillaris (Mandelentzündung)**	Hals / Atemwege
Lachesis	C30	**Aphten (Stomatitis) (Mundfeil - Mundfäule)**	Mund / Zähne
Lachesis	C30	**Argwohn**	Psyche
Lachesis	C30	**Beschwerden: vorwiegend links**	Konstitution
Lachesis	C30	**Blutdruck, hoher-, (Hypertonie)** - unregelmäßige Schläge	Herz / Kreislauf
Lachesis	C30	**Hypertonie -Blutdruck, hoher-** unregelmäßige Schläge	Herz / Kreislauf
Lachesis	C30	Blutwallungen zum Kopf	Kopf
Lachesis	C30	Bronchitis	Atemwege
Lachesis	C30	**depressive Verstimmung**	Psyche

Mittel	Potenz	Symptom / Erkrankung	Rubrik
Lachesis	C30	Diarrhoe (schleimig)	Magen / Darm
Lachesis	C30	Durchfall (schleimig)	Magen / Darm
Lachesis	C30	**Dysmenorrhoe (schmerzhafte Menstruation)**	Frauenmittel
Lachesis	C30	**Eifersucht**	Psyche
Lachesis	C30	Embolie	Herz / Kreislauf
Lachesis	C30	Hals - chron. wund	Hals
Lachesis	C30	Hämorrhoiden	Magen / Darm
Lachesis	C30	Herzentzündungen	Herz / Kreislauf
Lachesis	C30	Herzklopfen	Herz / Kreislauf
Lachesis	C30	Hypertonie	Herz / Kreislauf
Lachesis	C30	Hypotonie	Herz / Kreislauf
Lachesis	C30	Influenza (unbedingt den Arzt aufsuchen!)	Infektion
Lachesis	C30	Karbunkel	Entzündungen / Haut
Lachesis	C30	**Kleiderdruck ist unerträglich (besonders am Hals u. Taille)**	Geist / Gemüt / Befinden
Lachesis	C30	Kollapszustände	Herz / Kreislauf
Lachesis	C30	**Kopfschmerz (beim Aufwachen)**	Kopf / Schmerzen
Lachesis	C30	Mandelentzündung	Hals / Atemwege
Lachesis	C30	**Menstruation (schmerzhaft)**	Frauenmittel
Lachesis	C30	**Mundfäule - Mundfeil - Stomatitis, Aphten**	Mund / Zähne
Lachesis	C30	Nasenbluten - Niesanfälle	Nase
Lachesis	C30	**Neid**	Psyche
Lachesis	C30	**Niesanfälle - Nasenbluten**	Nase
Lachesis	C30	**Redelust - Redseeligkeit**	Psyche
Lachesis	C30	**Scharlach**	Infektion
Lachesis	C30	Schleim im Hals kann weder hinauf-, noch hintergebracht werden	Hals
Lachesis	C30	Schluckschmerzen	Magen / Darm

Mittel	Potenz	Symptom / Erkrankung	Rubrik
Lachesis	C30	Schmerzen (schlucken, Zähne, Nerven)	Schmerzen
Lachesis	C30	Schwindel	Geist / Gemüt / Befinden
Lachesis	C30	septische Prozeße	Entzündungen / Haut
Lachesis	C30	Stomatis ulcerosa - Aphten - Mundfäule - Mundfeil	Mund / Zähne
Lachesis	C30	Stuhl (übelriechend)	Magen / Darm
Lachesis	C30	Thrombose	Herz / Kreislauf
Lachesis	C30	Trigeminusneuralgie links	Nerven / Schmerzen
Lachesis	C30	Wechseljahrbeschwerden	Frauenmittel
Lachesis	C30	Zahnfleisch (geschwollen, schwammig, blutend)	Mund / Zähne
Lachesis	C30	Zahnschmerz (strahlt zu den Ohren)	Mund / Zähne
Lachesis	C30	Zeitsinn gestört	Geist / Gemüt / Befinden
Ledum	C30	Bißverletzungen (Tiere, Insekten)	Wunde / Verletzungen
Ledum	C30	Gelenke (schmerzen, geschwollen, heiß, blaß)	Knochen / Schmerzen
Ledum	D6	Gichtanfall (schwer zu helfen)	Rheuma
Ledum	C30	Insektenstiche	Wunde / Verletzungen
Ledum	C30	Ischias / Lumbago	Nerven / Schmerzen
Ledum	C30	Lumbago / Ischias	Nerven / Schmerzen
Ledum	D6	Quetschungen	Wunde / Verletzungen
Ledum	C30	Rhematismus (beginnt in den Füßen geht nach oben, kreuzweise auftretend z.B. re.Schulter li. Hüfte)	Rheuma
Ledum	D6	Schleimhautblutungen, Neigung zu-,	Haut / Schleimhaut
Ledum	D6	Schmerzen (schießen in die Gelenke)	Schmerzen
Ledum	D6/C30	Schwindel (beim Gehen mit Neigung zu einer Seite zu fallen)	Geist / Gemüt / Befinden
Ledum	C30	Stichverletzung (Messer, Nagel etc.) Insektenstiche	Wunde / Verletzungen
Ledum	C30	Tetanusprophylaxe	Infektion
Ledum	C30	Verletzungen (Stich- Messer, Nagel etc., Tierbisse) Insektenstiche	Wunde / Verletzungen

Mittel	Potenz	Symptom / Erkrankung	Rubrik
Luffa	D6	**Asthma bronchiale**	Atemwege
Luffa	D6	**Kehlkopfentzündung (akut u. chron.) Laryngitis**	Atemwege
Luffa	D6	Kopfschmerz	Kopf / Schmerzen
Luffa	D6	Müdigkeit und Trägheit	Geist / Gemüt / Befinden
Luffa	D6	**Rachenkatarrh, Pharangitis)**	Atemwege
Luffa	D6	**Schnupfen (allergischer und chronischer)**	Nase
Luffa	D6	**Sinusitis, allergische u. chron. Rhinitis**	Nase
Magnesium phos	C30	**Angina pectoris** (spastisches Hertklopfen, zusammenschnürende Schmerzen um das Herz)	Haut / Schleimhaut
Magnesium phos	C30	**Blähungskolik (bei Säuglingen)**	Magen / Darm
Magnesium phos	C30	**Dysmenorrhoe (schmerzhafte Menstruation)**	Magen / Darm
Magnesium phos	C30	**Fieberschauer den Rücken auf u. nieder mit Zittern**	Fieber
Magnesium phos	C30	Frösteln (nach dem Essen)	Fieber
Magnesium phos	C30	**Gesichtsneuralgie**	Nerven / Schmerzen
Magnesium phos	C30	**Heiserkeit (Kehle wund und rauh)**	Atemwege
Magnesium phos	C30	Husten (spastisch, trocken, kitzelnder)	Atemwege
Magnesium phos	C30	**Intercostalneuralgie**	Schmerzen
Magnesium phos	C30	**Ischias**	Nerven / Schmerzen
Magnesium phos	C30	Keuchhusten	Atemwege
Magnesium phos	C30	Kolikartige Schmerzen an allen Hohlorganen - Blähungen extrem	Schmerzen
Magnesium phos	C30	**Krampfmittel** (beim Schreiben, o. Spielen v. Musikinstrumenten)	Krämpfe / Spannungen
Magnesium phos	C30	Menstrualkolik	Frauenmittel
Magnesium phos	C30	**Nabel- u. Blähungskoliken bei Säuglingen**	Schmerzen
Magnesium phos	C30	Neuralgiemittel	Nerven / Schmerzen
Magnesium phos	C30	**Nystagmus**	Augen
Magnesium phos	C30	Scheidenkrampf	Krämpfe / Spannungen
Magnesium phos	C30	**schlaflos durch Verdauungsbeschwerden**	Schlaf

Mittel	Potenz	Symptom / Erkrankung	Rubrik
Magnesium phos	C30	**Schmerzen** (Art: heftig, krampfartig, stechend, schießend, wie mit einem Messer, plötzl., blitz- o. anfallsartig, minuten- o. stundenlang)	Schmerzen
Magnesium phos	C30	Schmerzen (Ort: Magen, Darm, Uterus, Zahn, Ovarien, Ischias)	Schmerzen
Magnesium phos	C30	**Sehen (verschwommen)**	Augen
Magnesium phos	C30	Zahnschmerzen	Mund / Zähne
Magnesium phos	C30	**Zahnungsbeschwerden bei Säuglingen**	Mund / Zähne
Magnesium phos	C30	**Zucken der Lider**	Muskel / Zuckungen
Mercurius solub.	D12	**Eiterungen**	Entzündungen / Haut
Mercurius solub.	D12	**Angina tonsillaris**	Hals / Atemwege
Mercurius solub.	D12/C30	**Aphten (Stomatitis) (Mundfeil - Mundfäule)**	Mund / Zähne
Mercurius solub.	D12/C30	Aufstoßen (faulig;)	Magen / Darm
Mercurius solub.	D12	Augen (Lid rot, dick, geschwollen, viel, brennendes, scharfes Sekret)	Augen
Mercurius solub.	C30	**Ausschlag (näßend)**	Haut / Schleimhaut
Mercurius solub.	D12	Bronchitis	Atemwege
Mercurius solub.	C30	**Colitis ulcerosa**	Magen / Darm
Mercurius solub.	D12/C30	Durst (groß bei feuchtem Mund)	Magen / Darm
Mercurius solub.	C30	**Ekzeme (näßend)**	Haut / Schleimhaut
Mercurius solub.	D12/C30	Gastroenteritis	Magen / Darm
Mercurius solub.	D12	**Geschmack (metallisch)**	Sinne
Mercurius solub.	D12/C30	**Harnleiterentzündung (mit eitriger Absonderung)**	Niere / Blase / Harnwege
Mercurius solub.	D12/C30	Haut (fast dauernd feucht)	Haut / Schleimhaut
Mercurius solub.	D12/C30	**Juckreiz**	Haut / Schleimhaut
Mercurius solub.	C30	Keuchhusten (mit Nasenbluten)	Atemwege
Mercurius solub.	C30	**Knochenhautentzündung**	Knochen / Schmerzen
Mercurius solub.	D12/C30	liegen (kann nicht auf der rechten Seite liegen)	Geist / Gemüt / Befinden
Mercurius solub.	D12	**Lymphdrüsen (komplett befallen)**	Drüsen / Stoffwechsel
Mercurius solub.	D12	**Mittelohrvereiterung (Otitis media)**	Ohren

Mittel	Potenz	Symptom / Erkrankung	Rubrik
Mercurius solub.	C30	Morbus Parkinson	Erkrankungen / Diagnosen
Mercurius solub.	D12/C30	Mundfäule - Mundfeil - Stomatitis, Aphten	Mund / Zähne
Mercurius solub.	C30	Mundgeruch (stinkend)	Sinne
Mercurius solub.	C30	Mundgeruch, übler-,	Sinne
Mercurius solub.	D12/C30	Nasenöffnungen wund geschwürig	Nase
Mercurius solub.	C30	Nesselsucht	Haut / Schleimhaut
Mercurius solub.	D12	Otitis media (Mittelohrentzündung)	Ohren
Mercurius solub.	D12/C30	Paodontose	Mund / Zähne
Mercurius solub.	D12/C30	Reißen und Steifheit in Muskeln und Gelenken	Muskel / Knochen
Mercurius solub.	D12	Schleimhautentzündungen (akut u. chron.) mit Schwellung und Neigung zur Eiterung	Haut / Schleimhaut
Mercurius solub.	D12/C30	Schweiß (übelriechend, klebrig, gelblich - besonders nachts)	Schweiß
Mercurius solub.	D12/C30	Schwindel (beim Liegen auf dem Rücken)	Geist / Gemüt / Befinden
Mercurius solub.	D12	Sekrete (scharf, oft blutvermischt) später schleimig, eitrig	Sekrete
Mercurius solub.	D12/C30	Soor	Haut / Schleimhaut
Mercurius solub.	D12	Speichelfluß (reichlich)	Mund / Zähne
Mercurius solub.	D12/C30	Stomatis ulcerosa - Aphten - Mundfäule - Mundfeil	Mund / Zähne
Mercurius solub.	D12/C30	Stuhl (grünlich, blutig, schleimig)	Magen / Darm
Mercurius solub.	D12/C30	Stuhl (schleimig-blutig)	Magen / Darm
Mercurius solub.		Tonsillitis (Seitenstrangangina)	Hals / Atemwege
Mercurius solub.		Seitenstrangangina (Tonsillitis)	Hals / Atemwege
Mercurius solub.	C30	Tremor der Extremitäten, insbesondere der Hände	Muskeln / Nerven
Mercurius solub.	D12/C30	Zittern (überall)	Muskeln / Nerven
Mercurius solub.	D12/C30	Zunge (Furche in Längsrichtung, Zahneindrücke, gelb, feucht)	Mund / Zähne
Mercurius solub.	C30	Zunge (Zahnabdrücken, dick belegt)	Mund / Zähne
Natrium mur	C30	**Abmagerung** (gr Schwäche u Müdigkeit, hungrig verliert aber an Gewicht)	Drüsen / Stoffwechsel

Mittel	Potenz	Symptom / Erkrankung	Rubrik
Natrium mur	C30	**Appetitlosigkeit**	Magen / Darm
Natrium mur	C30	**Heißhunger**	Magen / Darm
Natrium mur	C30	**Depressionen**	Psyche
Natrium mur	C30	**Diabetes**	Drüsen / Stoffwechsel
Natrium mur	C30	**Herpes simplex - labialis**	Haut / Schleimhaut
Natrium mur	C30	Kummer	Psyche
Natrium mur	C30	**Malariaprophylaxe**	Infektion
Natrium mur	C30	**Mykose - Pilz**	Haut / Schleimhaut
Nux vomica	D6/C30	**Aufstoßen (sauer, bitter)**	Magen / Darm
Nux vomica	C30	Augen (lichtscheu)	Augen
Nux vomica	C30	**Beschwerden (nach Arznei- Genußmittelabusus)**	Magen / Darm
Nux vomica	D6/C30	**Blähungskolik**	Magen / Darm
Nux vomica	D6/C30	Blasenentzündung	Niere / Blase / Harnwege
Nux vomica	C6/C30	Dysmenorrhoe (schmerzhafte Menstruation)	Frauenmittel
Nux vomica	D6/C30	**Erbrechen - Übelkeit - Völlegefühl (morgens n.d.E.)**	Magen / Darm
Nux vomica	D6	**Erbrechen (durch verdorbenen Magen)**	Magen / Darm
Nux vomica	D6/C6	Erkältungsneigung, große-,	Erkältungskrankheiten
Nux vomica	D6/C30	Fingernägel (zyanotisch - bläulich)	Haare / Nägel
Nux vomica	D6/C30	**Gastritis**	Magen / Darm
Nux vomica	D6/C30	**Gastroenteritis**	Magen / Darm
Nux vomica	D6/C30	Geräusch-, Geruchs-, Lichtempfindlichkeit	Sinne
Nux vomica	D6/C30	Geruchs-, Geräusch-, Lichtempfindlichkeit	Sinne
Nux vomica	D6/C6	grippaler Infekt	Erkältungskrankheiten
Nux vomica	C30	**Hämorrhoiden**	Magen / Darm
Nux vomica	D6	**Kaffeefolgen (Sodbrennen)**	Geist / Gemüt / Befinden
Nux vomica	D6	**Katerstimmung**	Geist / Gemüt / Befinden

Mittel	Potenz	Symptom / Erkrankung	Rubrik
Nux vomica	D6/C30	Kopfschmerzen (Hinterkopf) im Sonnenschein	Kopf / Schmerzen
Nux vomica	D6/C6	Kreislaufkollaps	Herz / Kreislauf
Nux vomica	D6	Licht-, Geräusch-, Geruchsempfindlichkeit	Sinne
Nux vomica	D6/C30	Magen-Darm-Beschwerden (häufig)	Magen / Darm
Nux vomica	D6/C30	Magengebiet sehr druckempfindlich	Magen / Darm
Nux vomica	D6/C30	Magenschmerzen - Sodbrennen	Magen / Darm
Nux vomica	D6/C30	Migräne	Kopf / Schmerzen
Nux vomica	D6/C30	nervös - gehetzt - arbeitswütig - reizbar - ehrgeizig - jähzornig	Nerven / Psyche
Nux vomica	D6/C30	Rheumatische Beschwerden (Muskelrheuma)	Rheuma
Nux vomica	D6/C30	Rückenschmerzen	Schmerzen
Nux vomica	D6/C30	Schlaf (unruhig, erwacht gegen 4 Uhr u. morgens unausgeschlafen)	Schlaf
Nux vomica	D6/C30	Schweiß (sauer)	Schweiß
Nux vomica	C6	Schwindel, Dreh-, (mit momentanem Bewußtseinsverlust)	Geist / Gemüt / Befinden
Nux vomica	D6/C30	Sodbrennen	Magen / Darm
Nux vomica	D6/C30	Stuhl: häufig, erfolgloser Drang, o. Abgang v. nur kl. Mengen bei jedem Versuch, Gefühl als ob ein Teil zurückbliebe, Völliges Fehlen von Stuhldrang bedeutet Kontraindikation!	Magen / Darm
Nux vomica	D6/C30	Übelkeit - Erbrechen - Völlegefühl (morgens n.d.E.)	Magen / Darm
Nux vomica	C30	Vergiftung durch Medikamente	Magen / Darm
Nux vomica	D6/C30	Verhalten (verlangen nach Reizmittel, nervös, gehetzt, arbeitswütig, reizbar, ehrgeizig, jähzornig, ungeduldig, mürrisch, nörgelnd)	Psyche
Nux vomica	D6/C30	Verstopfung (spastisch)	Magen / Darm
Nux vomica	D6/C30	Völlegefühl - Übelkeit - Erbrechen (morgens n.d.E.)	Magen / Darm
Nux vomica	D6/C30	Zyanose der Fingernägel	Haare / Nägel
Okoubaka	D3	Bauchspeicheldrüsenschäden	Bauchspeicheldrüse
Okoubaka	D3	Ernährungsgewohnheiten (Veränderung z.B. Fernreisen)	Ernährung
Okoubaka	D3	Gastroenteritis (nach dem Genuß verdorbener Speisen)	Magen / Darm

Mittel	Potenz	Symptom / Erkrankung	Rubrik
Okoubaka	D3	Infektionskrankheiten, nach-,	Infektion
Okoubaka	D3	Lebensmittelunverträglichkeit	Magen / Darm
Okoubaka	D3	Magen-Darm-Beschwerden (nach Genuß verdorbener Speisen)	Magen / Darm
Okoubaka	D3	Magen-Darm-Katarrhe in den Tropen	Magen / Darm
Okoubaka	D3	Vergiftung jeder Art	Magen / Darm
Phosphorus	C30	Abmagerung	Drüsen / Stoffwechsel
Phosphorus	C30	Erschöpfung -Überempfindlich gegen äußere Einflüsse,	Befinden
Phosphorus	C30	Schwäche - durch Flüssigkeitsverlust - große Nervosität	Befinden
Phosphorus	C30	septische Prozesse	Entzündungen
Phosphorus	C30	Heißhunger	Magen / Darm
Phosphorus	C30	Abneigung gegen geistige Beanspruchung	Geist / Gemüt / Befinden
Phosphorus	C30	Angst vor dem Alleinsein	Psyche
Phosphorus	C30	Asthma bronchiale	Atemwege
Phosphorus	C30	Aufstoßen (unverdauter Nahrung - mundvollweise)	Magen / Darm
Phosphorus	C30	beeinflußbar	Psyche
Phosphorus	C30	Beschwerden (plötzlich)	Geist / Gemüt / Befinden
Phosphorus	C30	Blutungen (Wunden, Zahnfleisch, nach Zahnextraktionen, Nase)	Verletzungen / Blutungen
Phosphorus	C30	Bronchitis	Atemwege
Phosphorus	C30	Cysten an den Eierstöcken	Frauenmittel
Phosphorus	C30	Diarrhoe (schmerzlos, schwächend)	Magen / Darm
Phosphorus	C30	Durchfall (schmerzlos, schwächend)	Magen / Darm
Phosphorus	C30	Elektrischer Schlag, Folgen von einem-,	Verletzungen
Phosphorus	C30	Entzündung der Atmungsorgane (Sinusitis, Rhinitis, Bronchitis etc.)	Atemwege
Phosphorus	C30	Erbrechen - Übelkeit	Magen / Darm
Phosphorus	C30	Ermüdung, rasche-,	Geist / Gemüt / Befinden
Phosphorus	C30	Erregbarkeit (große, nervöse)	Psyche

Mittel	Potenz		Symptom / Erkrankung	Rubrik
Phosphorus	C30	C30	Extrovertiert (sprühende Menschen)	Psyche
Phosphorus		C30	Gastritis	Magen / Darm
Phosphorus		C30	Gefühl: taub von Arme und Hände	Geist / Gemüt / Befinden
Phosphorus		C30	**Getränke, verlangen nach kalten-,** (die aber erbrochen werden)	Magen / Darm
Phosphorus		C30	**Heiserkeit**	Hals / Atemwege
Phosphorus		C30	Heißhunger	Magen / Darm
Phosphorus		C30	**Herzbeschwerden, nervöse-,**	Herz / Kreislauf
Phosphorus		C30	**Herzentzündungen (Endokarditis, Myokarditis)**	Herz / Kreislauf
Phosphorus		C30	**Konzentrationsfähigkeit, mangelnde-,**	Geist / Gemüt / Befinden
Phosphorus		C30	Kopfschmerzen	Kopf / Schmerzen
Phosphorus		C30	**Laryngitis (Kehlkopfentzündung) akut und chron.**	Hals / Atemwege
Phosphorus		C30	**Magengeschwür (Ulcus ventriculi et duodeni)**	Magen / Darm
Phosphorus		C30	Metrorrhagie (Blutung länger als 7 Tg. Außerhalb der Menses)	Frauenmittel
Phosphorus		C30	**Nakosefolgen**	Geist / Gemüt / Befinden
Phosphorus		C30	**Nasenbluten**	Nase
Phosphorus		C30	**Nasenbluten statt Menses**	Nase
Phosphorus		C30	**Nervus opticus (Atrophie,- Rückbildung)**	Nerven
Phosphorus		C30	Ovarialcysten	Frauenmittel
Phosphorus		C30	Rhinitis	Atemwege
Phosphorus		C30	Schmerzen (brennend, zwischen den Schulterblättern)	Schmerzen
Phosphorus		C30	Schwäche (nach erschöpfenden Krankheiten)	Geist / Gemüt / Befinden
Phosphorus		C30	Schwindel (alter Leute, nach dem Aufstehen)	Geist / Gemüt / Befinden
Phosphorus		C30	sehen **(grüner Ring um Kerzenlicht, Buchstaben erscheinen rot)**	Augen
Phosphorus		C30	Sehschwäche (nach Überanstrengung)	Augen
Phosphorus		C30	**Sexualtrieb (stark erhöht)**	Sex
Phosphorus		C30	Sinusitis,	Atemwege

Mittel	Potenz	Symptom / Erkrankung	Rubrik
Phosphorus	C30	Stuhl (fett, stark stinkend, lang, hart, wie von einem Hund und Winde)	Magen / Darm
Phosphorus	C30	Taub werden Arme und Hände	Nerven
Phosphorus	C30	**Übelkeit - Erbrechen**	Magen / Darm
Phosphorus	C30	**Verlangen** (nach kalten Getränken, die aber erbrochen werden)	Magen / Darm
Phosphorus	C30	**Wunden, stark blutend**	Wunde / Verletzungen
Phosphorus	C30	**Zahnfleischblutungen**	Mund / Zähne
Phosphorus	C30	**Zwölffingerdarmgeschwür**	Magen / Darm
Phytolacca	D4/C30	Augen (schmerzhaft)	Augen
Phytolacca	D2/C6	**Brustdrüse (geschwollen und verhärtet)**	Drüsen / Stoffwechsel
Phytolacca	D2/C6	Brüste (hart u. empfindlich - Brustwarzen aufgesprungen)	Drüsen / Stoffwechsel
Phytolacca	D2/C6	Brustwarzen aufgesprungen (Brüste hart u. empfindlich)	Drüsen / Stoffwechsel
Phytolacca	D4/C30	**Drüsen (Schwellung und Verhärtung)**	Drüsen / Stoffwechsel
Phytolacca	D4/C30	**Fersenschmerz**	Knochen / Schmerzen
Phytolacca	D4/C30	**Furunkulose, Neigung zu-,**	Haut / Schleimhaut
Phytolacca	D4/C30	Gefühl (Zerschlagen in allen Gliedern)	Geist / Gemüt / Befinden
Phytolacca	D4	**Gelenke (schmerzen,)**	Knochen / Schmerzen
Phytolacca	D4	grippaler Infekt	Erkältungskrankheiten
Phytolacca	D4/C30	Hals (brennende Schmerzen , Hals dunkelrot)	Hals / Atemwege
Phytolacca	D4/C30	**Juckreiz**	Haut / Schleimhaut
Phytolacca	D4/C30	Leberflecken und Warzen	Haut / Schleimhaut
Phytolacca	D4/C30	**Mandeln (geschwollen und verhärtet) entzündet**	Hals / Atemwege
Phytolacca	C6/C30	Mastitis (Brustdrüsenentzündung)	Drüsen / Stoffwechsel
Phytolacca	C30	Metrorrhagie **(Blutung länger als 7 Tg. Außerhalb der Menses)**	Frauenmittel
Phytolacca	D2/C6	**Milchsekretion, ungenügende-, (Hypogalaktie)**	Schwangerschaft / Entbind.
Phytolacca	D2/C6	**Milchsekretion zu viel (Hypergalaktie)**	Schwangerschaft / Entbind.
Phytolacca	C6/C30	**Milchstau**	Schwangerschaft / Entbind.

56

Mittel	Potenz	Symptom / Erkrankung	Rubrik
Phytolacca	C30	**Mumps**	Infektion
Phytolacca	D4	**Muskelkrämpfe**	Krämpfe / Spannungen
Phytolacca	D4/C30	**Nesselsucht (scharlachartig)**	Haut / Schleimhaut
Phytolacca	D4/C30	**Ohrspeicheldrüse (geschwollen und verhärtet)**	Drüsen / Stoffwechsel
Phytolacca	D4/C30	**Polyarthritis**	Rheuma
Phytolacca	D4/C30	**Rheuma (Muskel u. Gelenke)**	Rheuma
Phytolacca	D4/C30	schlucken (schmerzt)	Magen / Darm
Phytolacca	D4	Schmerzen (Augen,Hals,Muskel,Gelenke,beim Stillen,beim schlucken)	Schmerzen
Phytolacca	D4/C30	**Schwellung und Verhärtung von Drüsen**	Drüsen / Stoffwechsel
Phytolacca	D4/C6	Stillen, beim-, (Schmerzen)	Schwangerschaft / Entbind.
Phytolacca	D4/C30	**Tonsillen (geschwollen und verhärtet) entzündet**	Hals / Atemwege
Phytolacca	D4/C30	Seitenstrangangina (Tonsillitis)	Hals / Atemwege
Phytolacca	D4/C30	**Verhärtung und Schwellung von Drüsen**	Drüsen / Stoffwechsel
Phytolacca	D4/C30	Warzen und Leberflecken	Haut / Schleimhaut
Pulsatilla	D6/C30	**Mumps (unbedingt den Arzt aufsuchen!)**	Infektion
Pulsatilla	D6/C30	**Heimweh**	Geist / Gemüt / Befinden
Pulsatilla	D6/C30	**Amenorrhoe**	Frauenmittel
Pulsatilla	D6/C30	Asthma bronchiale	Atemwege
Pulsatilla	D6/C30	Bindehautentzündung	Augen
Pulsatilla	D6/C6	Bronchitis	Atemwege
Pulsatilla	D6/C30	**Dysmenorrhoe (schmerzhafte Menstruation)**	Frauenmittel
Pulsatilla	D6	Erkältungsneigung	Erkältungskrankheiten
Pulsatilla	C30	**Fett, Folgen von fettem Essen**	Ernährung
Pulsatilla	C6	**Fieber (bei jeder Menstruation)**	Fieber
Pulsatilla	D6	Fieber (septisch)	Fieber
Pulsatilla	D6/C30	**Fluor albus (Scheidensekret)**	Frauenmittel

Mittel	Potenz		Symptom / Erkrankung	Rubrik
Pulsatilla	D6	D6	Frösteln (aber Abneigung gegen Wärme)	Fieber
Pulsatilla	D6/C30	D6	Gastritis	Magen / Darm
Pulsatilla	C30	D6	**Getragen (will getragen werden)**	Geist / Gemüt / Befinden
Pulsatilla	C30	D6	Haare (blond) oft	Haare / Nägel
Pulsatilla	C30	D6	Haut (hellhäutig) oft	Haut / Schleimhaut
Pulsatilla	D6/C30	D6	**Hepatopathie**	Leber / Galle
Pulsatilla	D6/C30	D6	Herzklopfen (als ob das Herz zu voll wäre)	Herz / Kreislauf
Pulsatilla	D6/C30	D6	**Hypomenorrhoe**	Frauenmittel
Pulsatilla	C30	D6	**klimakterische Beschwerden**	Frauenmittel
Pulsatilla	D6	D6	Kopfschmerzen (migräneartig)	Kopf / Schmerzen
Pulsatilla	C30	D6	Krampadern	Gefäße
Pulsatilla	D6/C30	D6	**Lebererkrankung**	Leber / Galle
Pulsatilla	D6/C30	D6	Lidrandentzündung (dicke, gelbe, reichlich, milde Absonderung)	Augen
Pulsatilla	D6/C30	D6	Magenschleimhautentzündung	Magen / Darm
Pulsatilla	C30	D6	**Melancholie**	Psyche
Pulsatilla	D6/C30	D6	**Menses (ändert sich ständig in Rhythmus u. Stärke)**	Frauenmittel
Pulsatilla	D6/C30	D6	**migräneartige Kopfschmerzen**	Kopf / Schmerzen
Pulsatilla	D6/C6	D6	Mittelohrentzündung	Ohren
Pulsatilla	D6	D6	**Ohrenschmerzen (bei Kindern)**	Ohren
Pulsatilla	D6/C6	D6	Otitis media (Mittelohrentzündung)	Ohren
Pulsatilla	D6/C30	D6	**Scheidensekret (Fluor albus)**	Frauenmittel
Pulsatilla	C30	D6	**Stimmung (wechselhaft, launenhaft)**	Psyche
Pulsatilla	C30	D6	Varizen	Gefäße
Pulsatilla	C30	D6	venöse Stase (Stauungen)	Gefäße
Pulsatilla	C30	D6	**Wechseljahrbeschwerden**	Frauenmittel
Pulsatilla	C30	D6	**Wechseljahrbeschwerden**	Frauenmittel

Mittel	Potenz	Symptom / Erkrankung	Rubrik
Pulsatilla	C6	Verhalten (überwiegend weibl. Konstitution, sanft, schüchtern, gefühlsbetont, empfindlich)	Geist / Gemüt / Befinden
Pulsatilla	C6	Wehenschwäche	Schwangerschaft / Entbind.
Pulsatilla	C6	Weinerlichkeit (bei Krankheit)	Psyche
Pulsatilla	C30	Zuneigung (Kinder hängen sehr an der Mutter)	Psyche
Pyrogenium	C30	Absonderungen (stinken scheußlich)	Sekret
Pyrogenium	C30	Angst extrem	Psyche
Pyrogenium	C30	Erbrechen wie von Kaffeesatz	Magen / Darm
Pyrogenium	C30	Geruch (Absonderungen stinken scheußlich)	Sinne
Pyrogenium	C30	Geschmack (schrecklich stinkend)	Sinne
Pyrogenium	C30	Geschwätzigkeit (groß)	Psyche
Pyrogenium	C30	Herzklopfen	Herz / Kreislauf
Pyrogenium	C30	Kindbettinfektion (sept.)	Schwangerschaft / Entbind.
Pyrogenium	C30	Puls (abnorm beschleunigt, unangemessen im Verhältnis zur Temp.)	Herz / Kreislauf
Pyrogenium	C30	Schweiß (heiß, verursacht keinen Temperaturabfall)	Schweiß
Pyrogenium	C30	Stuhl (Durchfall, schrecklich stinkend, braun-schwarz, unwillkürlich)	Magen / Darm
Pyrogenium	C30	Vergiftungszustände (Sepsis)	Magen / Darm
Pyrogenium	C30	Vorstellungen, unsinnige-,	Psyche
Pyrogenium	C30	Zunge (trocken, glatt wie poliert, rissig)	Mund / Zähne
Rhododendron	C30	Gicht	Rheuma
Rhus tox	C30	Wetterfühligkeit (!Rhododendron)	Befinden
Rhus tox.	C30	Angina pectoris	Herz / Kreislauf
Rhus tox.	C30	Ängste, große-, (nachts - kann nicht im Bett bleiben)	Psyche
Rhus tox.	D12	Arthritis	Rheuma
Rhus tox.	D12	Beschwerden (Reißen, Ziehen, Steifheit in allen Glieder)	Geist / Gemüt / Befinden
Rhus tox.	D12/C30	Besserung durch fortgesetzte Bewegung, (man läuft sich ein)	Konstitution

Mittel	Potenz		Symptom / Erkrankung	Rubrik
Rhus tox.	D12/C30	D12	**Bewegung, Besserung durch fortgesetzte-, man läuft sich ein**	Konstitution
Rhus tox.	D12	D12	**Bronchitis**	Atemwege
Rhus tox.	D12	D12	Bursitis (Schleimbeutelentzündung)	Bewegungsapparat
Rhus tox.	D12	D12	Schleimbeutelentzündung - Bursitis	Bewegungsapparat
Rhus tox.	D12/C30	D12	Dermatitis (Hautentzündung)	Haut / Schleimhaut
Rhus tox.	D12/C30	D12	Diarrhoe (blutig-schleimig)	Magen / Darm
Rhus tox.	D12/C30	D12	Drüsen (Schwellung)	Drüsen / Stoffwechsel
Rhus tox.	D12/C30	D12	Durchfall (blutig-schleimig)	Magen / Darm
Rhus tox.	D12/C30	D12	Ekzeme (pustulös, juckend)	Haut / Schleimhaut
Rhus tox.	D12/C30	D12	Erysipel (Wundrose) mit Bläschen - (unbedingt den Arzt aufsuchen!)	Haut / Schleimhaut
Rhus tox.	D12/C30	D12	Essen, schläfrig nach dem-,	Magen / Darm
Rhus tox.	D12	D12	**Gelenkentzündung**	Entzündungen
Rhus tox.	D12	D12	**grippaler Infekt**	Erkältungskrankheiten
Rhus tox.	D12/C30	D12	**Herpes (Simplex, Zoster)**	Haut / Schleimhaut
Rhus tox.	C30	D12	**Herzklopfen**	Herz / Kreislauf
Rhus tox.	D12	D12	**Husten (trockener, quälender Husten, vor allem nachts)**	Atemwege
Rhus tox.	D12/C30	D12	**Ischialgie**	Nerven
Rhus tox.	D12/C30	D12	Juckreiz mit Ekzem (pustulös, juckend)	Haut / Schleimhaut
Rhus tox.	D12/C30	D12	**Lumbago**	Nerven / Knochen
Rhus tox.	D12/C30	D12	**Milch, Verlangen nach-,**	Magen / Darm
Rhus tox.	D12	D12	**Muskeln und Sehnen, Übersanstrengung von-,**	Muskeln / Sehnen
Rhus tox.	D12/C30	D12	Nasenbluten (beim Bücken)	Nase
Rhus tox.	D12/C30	D12	Nasenspitze (rot, wund)	Nase
Rhus tox.	D12	D12	**Nervenschmerzen**	Nerven / Schmerzen
Rhus tox.	D12	D12	**Neuralgien**	Nerven
Rhus tox.	D12	D12	**Rheuma (Muskel u. Gelenke)**	Rheuma

Mittel	Potenz		Symptom / Erkrankung	Rubrik
Rhus tox.	D12/C30	D12	schläfrig nach dem Essen	Geist / Gemüt / Befinden
Rhus tox.	D12	D12	**Schmerzen (Muskeln, Gelenke, Nerven)**	Schmerzen
Rhus tox.	D12/C30	D12	Schwindel (beim Aufstehen)	Geist / Gemüt / Befinden
Rhus tox.	D12/C30	D12	**Sehnenscheidenentzündung**	Entzündungen
Rhus tox.	C30	D12	Sinne (benebelt)	Geist / Gemüt / Befinden
Rhus tox.	D12	D12	**Steifheit (aller Glieder)**	Geist / Gemüt / Befinden
Rhus tox.	C30	D12	**Unruhe extrem (mit dauernden Lageveränderung)**	Geist / Gemüt / Befinden
Rhus tox.	D12/C30	D12	**Verlangen (nach Milch))**	Magen / Darm
Rhus tox.	D12/C30	D12	**Verletzungen (Sehnen und Bänder)**	Wunde / Verletzungen
Rhus tox.	D12	D12	**Verrenkung**	Wunde / Verletzungen
Rhus tox.	D12	D12	**Verstauchung**	Wunde / Verletzungen
Rhus tox.	D12/C30	D12	Wundrose (Erysipel) mit Bläschen,	Haut / Schleimhaut
Rhus tox.	C30	D12	Zellulitis	Haut / Gewebe
Rhus tox.	D12	D12	**Zerrung**	Wunde / Verletzungen
Rumex		D6	Atemwegserkrankungen (entzündliche)	Atemwege
Rumex		D6	Blähsucht	Magen / Darm
Rumex		D6	Diarrhoe (morgens)	Magen / Darm
Rumex		D6	Durchfall (morgens)	Magen / Darm
Rumex		D6	**Empfindlichkeit (kalte Luft und Entblößen der Haut)**	Geist / Gemüt / Befinden
Rumex		D6	Gelbsucht (nach Alkoholmißbrauch)	Leber / Galle
Rumex		D6	Haut (rote Bläschen)	Haut / Schleimhaut
Rumex		D6	Husten (unaufhörlicher, ermattender, trockener, quälender Reizhusten, mit schmerzhaftem Wundheitsgefühl in der Brust)	Atemwege
Rumex		D6	Juckreiz (heftig am ganzen Körper)	Haut / Schleimhaut
Rumex		D6	**Kehlkopf-Luftröhrenentzündung (Laryngotracheitis)**	Hals / Atemwege
Rumex		D6	**Laryngotracheitis (Kehlkopf-Luftröhrenentzündung)**	Hals / Atemwege
Rumex		D6	Lymphdrüsen (vergrößert)	Drüsen / Stoffwechsel

61

Mittel	Potenz	Symptom / Erkrankung	Rubrik
Rumex	D6	Nasenrachenentzündung (Rhinopharyngitis)	Atemwege
Rumex	D6	Rhinopharyngitis (Nasenrachenentzündung)	Atemwege
Secale	C6/C30	Angstgefühl	Psyche
Secale	C6/C30	Augen (eingesunken mit blauen Ringen)	Augen
Secale	C6/C30	Blutdruck, hoher-, (Hypertonie)	Herz / Kreislauf
Secale	C6/C30	Blutungen (kleinster Wunden, wochenlang)	Verletzungen / Blutungen
Secale	C6/C30	Diarrhoe (olivgrüner, dünner, fauliger, blutiger Stuhl)	Magen / Darm
Secale	C6/C30	Durchfall (olivgrüner, dünner, fauliger, blutiger Stuhl)	Magen / Darm
Secale	C6/C30	Fluor albus (Scheidensekret) (bräunlich, übelriechend)	Frauenmittel
Secale	C6/C30	Gebärmutterkrämpfe (Uteruskrämpfe) unter der Geburt	Schwangerschaft / Entbind.
Secale	C6/C30	Geburtswehen (Schwache o. ausbleibende)	Schwangerschaft / Entbind.
Secale	C6/C30	Gefäßspasmen (Krämpfe)	Gefäße
Secale	C6/C30	Heißhunger (aber trotzdem Abmagerung)	Magen / Darm
Secale	C6/C30	Hypertonie (hoher Blutdruck)	Herz / Kreislauf
Secale	C6/C30	Krämpfe (der willkürlichen und unwillkürlichen Muskulatur, besonders Streckkrämpfe, in den Beinen beim Gehen)	Krämpfe / Spannungen
Secale	C6/C30	Kreislaufstörungen	Herz / Kreislauf
Secale	C6/C30	Magenkrämpfe (heftig, anfallsweise)	Magen / Darm
Secale	C6/C30	Menorrhagie (verlängerte Menstruation)	Frauenmittel
Secale	C6/C30	Metrorrhagie (Blutung länger als 7 Tg. Außerhalb der Menses)	Frauenmittel
Secale	C6/C30	Nasenbluten (sickerndes)	Nase
Secale	C6/C30	Nerven (Missempfindung - Taubheitsgefühl)	Nerven
Secale	C6/C30	Parästhesien - Taubheitsgefühl - Missempfindung	Nerven
Secale	C6/C30	Scheidensekret (Fluor albus)(bräunlich, übelriechend)	Frauenmittel
Secale	C6/C30	Schmierblutungen (wässrige)	Frauenmittel
Secale	C6/C30	spastische Verzerrung (im Gesicht)	Krämpfe / Spannungen

Mittel	Potenz	Symptom / Erkrankung	Rubrik
Secale	C6/C30	**Spasmen (der willkürlichen und unwillkürlichen Muskulatur, besonders Streckkrämpfe, in den Beinen beim Gehen)**	Krämpfe / Spannungen
Secale	C6/C30	Taubheitsgefühl	Nerven
Secale	C6/C30	**Uterusspasmen (Gebärmutterkrämpfe) unter der Geburt**	Schwangerschaft / Entbind.
Secale	C6/C30	**Wunde, kleinste-, (blutet wochenlang)**	Wunde / Verletzungen
Sepia	C30	**Schwäche**	Befinden
Sepia	C30	**Abneigung gegen Berufsarbeit**	Geist / Gemüt / Befinden
Sepia	C12	Amenorrhoe	Frauenmittel
Sepia	C30	**Angst, große (vor dem Alleinsein)**	Psyche
Sepia	C30	Art (Frauenmittel ,meist brünett, emotional hart u. distanziert, reizbar)	Kostitution
Sepia	C30	Ausschlag (chron)	Haut / Schleimhaut
Sepia	C12	Bettnässen, Einnässen	Niere / Blase / Harnwege
Sepia	C12	Blähungen	Magen / Darm
Sepia	C12	Blasenentzündung / Zystitis	Niere / Blase / Harnwege
Sepia	C12	Blutungen (Spätblutungen, Blutstauungen)	Verletzungen / Blutungen
Sepia	C30	**Depressive Verstimmung - Depressionen**	Psyche
Sepia	C12	**Dysmenorrhoe (schmerzhafte Menstruation)**	Frauenmittel
Sepia	C12	Einnässen, Bettnässen	Niere / Blase / Harnwege
Sepia	C30	Frauenmittel (meist brünett, emotional hart u. distanziert, reizbar)	Frauenmittel
Sepia	C12	Gastritis	Magen / Darm
Sepia	C12	**Gebärmutterprolaps**	Frauenmittel
Sepia	C30	**Gemüt (Gleichgültigkeit-gegenüber d.Familie - sehr traurig)**	Geist / Gemüt / Befinden
Sepia	C12	Hämorrhoiden	Magen / Darm
Sepia	C12	Harndrang (häufiger)	Niere / Blase / Harnwege
Sepia	C12	Harninkontinenz	Niere / Blase / Harnwege
Sepia	C12	Hepatopathie	Leber / Galle

Mittel	Potenz		Symptom / Erkrankung	Rubrik
Sepia	C12		Herpes (hinter den Ohren)	Haut / Schleimhaut
Sepia	C30		Hitzewallungen	Frauenmittel
Sepia	C30		klimakt. Beschwerden (Depression, Wallungen, Migräne etc)	Frauenmittel
Sepia	C12/C30		Kopfschmerzen - stechend von innen nach außen - Übelkeit, Erbrechen	Kopf / Schmerzen
Sepia	C12		Leeregefühl im Magen (nicht erleichtert durch essen)	Magen / Darm
Sepia	C12		Magen, im-, (Leeregefühl)(nicht erleichtert durch essen)	Magen / Darm
Sepia	C12/C30		Migräne - stechend von innen nach außen - Übelkeit, Erbrechen	Kopf / Schmerzen
Sepia	C12		Nase (dicke , grünliche Absonderung)	Nase
Sepia	C30		Psoriasis	Haut / Schleimhaut
Sepia	C12		Schmerzen (Lebergebiet, Rücken- und Kreuzschmerzen)	Schmerzen
Sepia	C12		Schwäche und Erschöpfung	Geist / Gemüt / Befinden
Sepia	C12		Schwangerschaftserbrechen Übelkeit morgens v.d.E., Erbrechen n.d.E.	Schwangerschaft / Entbind.
Sepia	C12/C30		Schweiß (übelriechend,)	Schweiß
Sepia	C12/C30		Schwindel (als ob etwas herumrolle)	Geist / Gemüt / Befinden
Sepia	C12/C30		Senkungsbeschwerden der Beckenorgane Gefühl des nach unten Drängens, als ob alles durch die Scheide entweichen wolle.	Frauenmittel
Sepia	C12/C30		Varizen (Krampfadern)	Gefäße
Sepia	C12/C30		venöse Stase (Stauungen)	Gefäße
Sepia	C30		Verhalten (sportliche Karrierefrau, erschöpfte Hausfrau)	Kostitution
Sepia	C12		Verlangen nach Saurem	Magen / Darm
Sepia	C12		Verstopfung	Magen / Darm
Sepia	C30		Wechseljahrbesch. (Depression, Wallungen, Migräne etc)	Frauenmittel
Sepia	C30		Weinen (unwillkürlich)	Geist / Gemüt / Befinden
Silicea	C6	C10	Eiterungen	Entzündungen / Haut
Silicea	C6	C10	Allergische Rhinitis (allerg. Schnupfen Pollinosis)	Allergie
Silicea	C6	C10	Analfisur	Magen / Darm
Silicea	C6	C10	Eiterungen	Entzündungen

Mittel	Potenz	Symptom / Erkrankung	Rubrik
Silicea	C30	**Entschlossenheit, Mangel an moralischer u. physischer-,**	Psyche
Silicea	C30	**Epilepsie**	Erkrankungen / Diagnosen
Silicea	C30	Hirnmüdigkeit	Kopf
Silicea	C30	**Impfschäden**	Impfschäden
Silicea	C6/C30	Karies	Mund / Zähne
Silicea	C6/C30	**Knochenerkrankungen**	Knochen / Schmerzen
Silicea	C30	**Mangel an moralischer u. physischer Entschlossenheit**	Psyche
Silicea	C6/C30	**Schweiß (Kopf, übel riechend, geht bis zum Hals) stark, Füße,** Hände u. unter den Achseln	Schweiß
Silicea	C6	**Tränenkanal (Schwellung)**	Augen
Silicea	C30	**Unverträglichkeit v. alkoholischen Stimulatien**	Magen / Darm
Silicea	C6	**Abstoßen von Fremdkörpern aus dem Gewebe** (Vorsicht bei Frauen mit Spiralen, bei Kriegsverletzten, Zugluft)	Wunde / Verletzungen
Silicea	C6	**Abszeße, Nagelbetteiterungen, Furunkel**	Haut
Silicea	C6	Analfistel	Magen / Darm
Silicea	C6	Erkältungen lösen sich nicht	Erkältungskrankheiten
Silicea	C6	**Fremdkörper werden aus dem Gewebe abgestoßen** (Vorsicht bei Frauen mit Spiralen, bei Kriegsverletzten, Zugluft)	Wunde / Verletzungen
Silicea	C6	**Furunkel, Nagelbetteiterungen, Abszeße**	Haut
Silicea	C6	Gähnen stark	Verhalten
Silicea	C6	**Gefühl eines Haares auf der Zunge**	Mund / Zähne
Silicea	C6	Gerstenkorn	Augen
Silicea	C6	Halsschmerzen	Hals / Atemwege
Silicea	C6	**Husten (heftig b. Niederlegen, Auswurf: dick, gelb, klumpig)**	Atemwege
Silicea	C30	**Nachtwandeln**	Verhalten
Silicea	C6	**Nagelbetteiterungen, Abszeße, Furunkel**	Haare / Nägel
Silicea	C6	**Paodontose**	Mund / Zähne

Mittel	Potenz	Symptom / Erkrankung	Rubrik
Silicea	C6	**Rhinitis allergisch - Pollinosis**	Atemwege
Silicea	C6	Schweißfüße (eiskalt) übelriechend	Schweiß
Silicea	C30	**Schwellung des Tränenkanals**	Augen
Silicea	C6	**Stuhl** (geht nur mit Mühe ab) treten teilweise heraus u. schlüpfen zurück	Magen / Darm
Silicea	C6	Wunden (eitrig, schlecht heilend)	Wunde / Verletzungen
Silicea	C6	Zahnfleischentzündungen	Mund / Zähne
Silicea	C6	**Zunge (Gefühl eines Haares)**	Mund / Zähne
Staphisagria	C30	**Art: liebenswürdige Menschen voll unterdrückter Gefühle**	Konstitution
Staphisagria	C30	Ausschlag (brennend, juckende)	Haut / Schleimhaut
Staphisagria	C30	Blähungen, heiße-,	Magen / Darm
Staphisagria	C30	Blasenentzündung	Niere / Blase / Harnwege
Staphisagria	C30	Blutdruck, niedriger-, (Hypotonie)	Herz / Kreislauf
Staphisagria	C30	**Darmlähmung (nach Operation)**	Magen / Darm
Staphisagria	C30	**Gerstenkorn**	Augen
Staphisagria	C30	Hypotonie (niedriger Blutdruck)	Herz / Kreislauf
Staphisagria	C30	Juckreiz (mit brennenden Hautausschlägen)	Haut / Schleimhaut
Staphisagria	C30	Libido, starke-,	Sex
Staphisagria	C30	Müdigkeit und Abgespanntheit besonders morgens n. d.Aufstehen	Befinden
Staphisagria	C30	**Ohren (Stiche in Ohren hineinziehend b Schlucken bes. li)**	Ohren
Staphisagria	C30	**Prostatahypertrophie,**	Männermittel
Staphisagria	C30	Reizblase (nach Geschlechtsverkehr)	Niere / Blase / Harnwege
Staphisagria	C30	Speichelfluß	Mund / Zähne
Staphisagria	C30	**Verlangen nach Reizmitteln (Tabak)**	Konstitution
Staphisagria	C30	**Verletzungen durch Schnitte (Messer)**	Wunde / Verletzungen
Staphisagria	C30	**Verstopfung (Darmerschlaffung)**	Magen / Darm
Staphisagria	C30	**Wutausbrüche (gewaltsame)**	Psyche

Mittel	Potenz	Symptom / Erkrankung	Rubrik
Staphisagria	C30	C30 Zahnschmerz (während der Menses)	Mund / Zähne
Sulfur	C6	Adipositas (Fettsucht) (*Fucus vesiculosus*)	Drüsen / Stoffwechsel
Sulfur	C6	Heißhunger	Magen / Darm
Sulfur	C6	Abneigung gegen Wasser	Konstitution
Sulfur	C6	Akne	Haut / Schleimhaut
Sulfur	C6	Analekzem	Magen / Darm
Sulfur	C6	Angst um die Gesundheit	Psyche
Sulfur	C6	Anus Rötung, Jucken und Brennen	Magen / Darm
Sulfur	C6	Appetitlosigkeit oder Heißhunger	Magen / Darm
Sulfur	C6	Atembeschwerden (möchte Fenster weit offen haben)	Atemwege
Sulfur	C6	Beschwerden (rezidivierend - wiederauftretend)	Konstitution
Sulfur	C6	Hypertonie -Blutdruck, hoher	Herz / Kreislauf
Sulfur	C6	Blutdruck, hoher-, (Hypertonie)	Herz / Kreislauf
Sulfur	C6	Brennen in Sohlen und Händen nachts	Empfindung
Sulfur	C6	Diarrhoe morgens - treibt aus dem Bett	Magen / Darm
Sulfur	C6	Ekzeme (seborrhoisches (Talg))	Haut / Schleimhaut
Sulfur	C6	Gemüt (sehr selbstsüchtig)	Geist / Gemüt / Befinden
Sulfur	C6	Geschmack (bitter) morgens	Sinne
Sulfur	C6	Hände (heiß und schweißig) brennen	Schweiß
Sulfur	C6	Haut (brennen, Hitze, jucken)	Haut / Schleimhaut
Sulfur	C6	Heißhunger oder Appetitlosigkeit	Magen / Darm
Sulfur	C6	Hitzewallungen	Frauenmittel
Sulfur	C6	Husten (locker - viel Schleimrasseln)	Atemwege
Sulfur	C6	Infektionsverhütung	Infektion
Sulfur	C6	Jucken und Brennen des Anus	Haut / Schleimhaut
Sulfur	C6	Körpergeruch	Sinne

Mittel	Potenz	Symptom / Erkrankung	Rubrik
Sulfur	C6	**Körperöffnungen (rot)**	Aussehen
Sulfur	C6	**Leeregefühl im Magen (um 11 Uhr)**	Magen / Darm
Sulfur	C6	**Milch ist unbekömmlich**	Magen / Darm
Sulfur	C6	Ohrgeräusche (zischen)	Ohren
Sulfur	C6	Psoriasis	Haut / Schleimhaut
Sulfur	C6	Rheuma (Muskel u. Gelenke)	Rheuma
Sulfur	C6	**Schlaf (Katzenschlaf)**	Schlaf
Sulfur	C6	Schlaf (leicht, schnell zu stören)	Schlaf
Sulfur	C6	**Schweiß (heiß an den Händen und brennen)**	Schweiß
Sulfur	C6	Sodbrennen (Übersäuerung des Magens)	Magen / Darm
Sulfur	C6	**stehen (ist die unangenehmste Haltung)**	Empfindung
Sulfur	C6	Taubheit (vorher sehr empfindliches Gehör)	Ohren
Sulfur	C6	Tinnitus (zischen)	Ohren
Sulfur	C6	venöse Stase (Stauungen)	Gefäße
Sulfur	C6	**Verhalten** (gleichgültig gegen sein Äußeres, oft schlampige Kleidung)	Konstitution
Sulfur	C6	**Verlangen nach Süßigkeiten (groß)**	Magen / Darm
Tartarus	C30	**Ausschläge (pustulös)**	Haut / Schleimhaut
Tartarus	C30	**Bronchitis**	Atemwege
Tartarus	C30	**Bronchpneumonie**	Atemwege
Tartarus	C30	**Erbrechen**	Magen / Darm
Tartarus	C30	**Erschöpfung mit raschem Kräfteverfall**	Geist / Gemüt / Befinden
Tartarus	C30	**Grindflechte (Impetigo)**	Haut / Schleimhaut
Tartarus	C30	**Husten** (zähes, fadenziehendes, schleimiges Sekret, das nicht abgehustet werden kann)	Atemwege
Tartarus	C30	**Magen-Darmstörung**	Magen / Darm
Tartarus	C30	**Müdigkeit (groß)**	Befinden
Tartarus	C30	**Schweiß (kalt, klebrig)**	Schweiß

Mittel	Potenz	Symptom / Erkrankung	Rubrik
Tartarus	C30	Übelkeit, ständige-,	Magen / Darm
Tartarus	C30	Windpocken (Varizellen)	Infektion
Tartarus	C30	Würgereiz	Magen / Darm
Tartarus	C30	Impfschäden	Impfschäden
Thuja	C30	Bursitis (Schleimbeutelentzündung)	Bewegungsapparat
Thuja	C30	Schleimbeutelentzündung - Bursitis	Bewegungsapparat
Veratrum album	D6	Schwäche	Befinden
Veratrum album	D6/C30	Durchfall (wässrig-mit schwallartiger Entleerung)	Magen / Darm
Veratrum album	D6/C30	Durst (auf kaltes Wasser)	Magen / Darm
Veratrum album	D6/C30	Dysmenorrhoe (schmerzhafte Menstruation) schwere	Frauenmittel
Veratrum album	D6/C30	Erbrechen heftig, Übelkeit	Magen / Darm
Veratrum album	C30	Flockenlesen	Psyche
Veratrum album	D6/C30	Gefühl (Kälte innerlich und äußerlich)	Geist / Gemüt / Befinden
Veratrum album	D6/C30	Gesicht - bläuliche Blässe	Aussehen
Veratrum album	C30	Gleichgültigkeit, mürrische-,	Psyche
Veratrum album	D6/C30	Heißhunger	Magen / Darm
Veratrum album	C30	Hochmut	Psyche
Veratrum album	D6/C30	Kältegefühl innerlich und äußerlich	Geist / Gemüt / Befinden
Veratrum album	D6	Kollapsneigung - Kreislaufschwäche	Herz / Kreislauf
Veratrum album	D6	Kräfteverfall, rapider-,	Befinden
Veratrum album	D6/C30	Krämpfe in den Extremitäten	Krämpfe / Spannungen
Veratrum album	D6	Kreislaufschwäche mit Kollapsneigung	Herz / Kreislauf
Veratrum album	C30	Manie (affektive Psychose)	Psyche
Veratrum album	D6/C30	Migräne	Kopf / Schmerzen
Veratrum album	D6	Ohnmacht	Herz / Kreislauf
Veratrum album	D6	orthostatische Regulationsstörungen	Herz / Kreislauf

69

Mittel	Potenz		Symptom / Erkrankung	Rubrik
Veratrum album	D6		**Schwäche, große-,**	Befinden
Veratrum album	D6/C30		**Schweiß (stark) kalt auf der Stirn**	Schweiß
Veratrum album	D6/C30		Schwindel	Geist / Gemüt / Befinden
Veratrum album	D6/C30		Speichelfluß (reichlich)	Mund / Zähne
Veratrum album	D6/C30		Verstopfung	Magen / Darm
Veratrum album	C30		**Wahnvorstellungen, besonders bezügl. Der Religion**	Psyche
Veratrum album	D6/C30		Zittern	Nerven
Viburnum opulus	C30		**Bauchkrämpfe (plötzlich und kolikartig)**	Krämpfe / Spannungen
Viburnum opulus	C30		**Fehlgeburt, verhütet oft-,**	Schwangerschaft / Entbind.
Viburnum opulus	C30		Harndrang (häufiger, kann Wasser beim Husten o. Gehen nicht halten)	Niere / Blase / Harnwege
Viburnum opulus	C30		**Krämpfe (Bauch, plötzlich und kolikartig)**	Krämpfe / Spannungen
Viburnum opulus	C30		Schmerzen (Bauch, Kreuz- u. Schambein, Rücken in die Lenden)	Schmerzen
Viburnum opulus	C30		Schwindel (glaubt nach vorne zu fallen)	Geist / Gemüt / Befinden
Viburnum opulus	C30		Übelkeit (dauernd, Besserung durch Essen)	Magen / Darm
Viburnum opulus	C30		Wehenschmerzen, falsche-,	Schwangerschaft / Entbind.
Zincum val	C2	C2	**Schluckauf**	Magen / Darm
Zincum val.	C2	C2	**Schlafstörungen**	Schlaf

Nachtrag / Anmerkungen

70

Mittel	Potenz	Symptom / Erkrankung	Rubrik

Homöopathische Taschenapotheke
nach Symptomen geordnet

Symptom / Erkrankung	Rubrik	Mittel	Potenz	
Abmagerung	Drüsen / Stoffwechsel	Phosphorus	C30	C30
Abmagerung (Kann nicht den Anblick oder Geruch v. Speisen ertragen)	Drüsen / Stoffwechsel	Arsenicum	C30	C6
Abmagerung (gr Schwäche u Müdigkeit, hungrig verliert aber an Gewicht)	Drüsen / Stoffwechsel	Natrium mur	C30	C30
Abneigung gegen Berufsarbeit	Geist / Gemüt / Befinden	Sepia	C30	
Abneigung gegen geistige Beanspruchung	Geist / Gemüt / Befinden	Phosphorus	C30	C30
Abneigung gegen Wasser	Konstitution	Sulfur	C6	C6
Abort, drohender	Schwangerschaft / Entbind.	Caulophyllum	C6	
Abortneigung	Schwangerschaft / Entbind.	Kalium carb.	C6/C30	
Absonderungen (stinken scheußlich)	Sekret	Pyrogenium	C30	
Abstoßen von Fremdkörpern aus dem Gewebe (Vorsicht bei Frauen mit Spiralen, bei Kriegsverletzten, Zugluft)	Wunde / Verletzungen	Silicea	C6	C10
Abszeß, nach Eröffnung von einem-,	Entzündungen	Hepar sulf.	D12	D12
Abszesse	Entzündungen / Haut	Hepar sulf.	D12	D12
Abszeße, Nagelbetteiterungen, Furunkel	Haut	Silicea	C6	C10
Adipositas (Fettsucht) (*Fucus vesiculosus*)	Drüsen / Stoffwechsel	Sulfur	C6	C6
Akne	Haut / Schleimhaut	Sulfur	C6	C6
Akne, Bläschen, Blasen und Pustel	Entzündungen / Haut	Hepar sulf.	D12	D12
Alkoholismus - Redelust, Schmerz im Kopf beim Aufwachen	Geist / Gemüt / Befinden	Lachesis	C30	C30
Allergie - Insektenstichallergie	Allergie	Apis mellifica	D6/C30	C6
Allergische Rhinitis (allerg. Schnupfen Pollinosis)	Allergie	Euphrasia	C30	C30
Allergische Rhinitis (allerg. Schnupfen Pollinosis)	Allergie	Silicea	C6	C10

Symptom / Erkrankung	Rubrik	Mittel	Potenz	
Amenorrhoe	Frauenmittel	Pulsatilla	D6/C30	D6
Amenorrhoe	Frauenmittel	Sepia	C12	
Amenorrhoe (als Folge von Schreck oder Kälte)	Frauenmittel	Aconitum	D6	C6
Amenorrhoe (Ausbleiben der monatl. Regel)	Frauenmittel	Cimicifuga	D6/C30	
Amputationsneuralgie	Schmerzen	Allium cepa	C30	
Analekzem	Magen / Darm	Sulfur	C6	C6
Analfistel	Magen / Darm	Silicea	C6	C10
Analfisur	Magen / Darm	Silicea	C6	C10
Angina pectoris	Herz / Kreislauf	Cimicifuga	C6	
Angina pectoris	Herz / Kreislauf	Cuprum metall	C30	
Angina pectoris	Herz / Kreislauf	Lachesis	C30	C30
Angina pectoris	Herz / Kreislauf	Rhus tox.	C30	D12
Angina pectoris (spastisches Hertklopfen, zusammenmenschnürende Schmerzen um das Herz)	Haut / Schleimhaut	Magnesium phos	C30	
Angina tonsillaris	Hals / Atemwege	Mercurius solub.	D12	
Angina tonsillaris (Mandelentzündung - eitrig)	Atemwege	Hepar sulf.	D12	D12
Angina tonsillaris (Mandelentzündung)	Hals / Atemwege	Lachesis	C30	C30
Angst (groß) akut -Vorahnungen; fürchtet den Tod; fürchtet die Zukunft;	Nerven / Psyche	Aconitum	D6	C6
Angst (groß) chronisch - Angst u Sorge begleitet jede Beschwerde	Nerven / Psyche	Aconitum	C30	C6
Angst extrem	Psyche	Pyrogenium	C30	
Angst um die Gesundheit	Psyche	Sulfur	C6	C6
Angst und Furcht	Psyche	Belladonna	D6/C30	C6
Angst vor dem Alleinsein	Psyche	Phosphorus	C30	C30
Angst, große (vor dem Alleinsein)	Psyche	Sepia	C30	
Angst, große (vor dem Tod, u.alleingelassen werden), **u.Schweiß**	Nerven / Psyche	Arsenicum	C30	C6
Ängste, große-, (nachts - kann nicht im Bett bleiben)	Psyche	Rhus tox.	C30	D12

Symptom / Erkrankung	Rubrik	Mittel	Potenz	
Angstgefühl	Psyche	Secale	C6/C30	
Angstgefühl (im Magen)	Psyche	Kalium carb.	C6/C30	
Anus Rötung, Jucken und Brennen	Magen / Darm	Sulfur	C6	C6
Apathie (Teilnahmslosigkeit) die eigene Krankheit betreffend	Befinden	Gelsemium	D6/C30	D6
Aphten (Stomatitis) (*Mundfeil - Mundfäule*)	Mund / Zähne	Borax	D4	
Aphten (Stomatitis) (*Mundfeil - Mundfäule*)	Mund / Zähne	Cantharis	C30	C6
Aphten (Stomatitis) (Mundfeil - Mundfäule)	Mund / Zähne	Caulophyllum	C30	
Aphten (Stomatitis) (Mundfeil - Mundfäule)	Mund / Zähne	Lachesis	C30	C30
Aphten (Stomatitis) (Mundfeil - Mundfäule)	Mund / Zähne	Mercurius solub.	D12/C30	
Apoplexie (Hirnschlag)	Gefäße / Gehirn	Arnica	C30	D6
Appetitlosigkeit	Magen / Darm	Natrium mur	C30	C30
Appetitlosigkeit (!Abrotanum - !China - !Ignatia	Magen / Darm			
Appetitlosigkeit oder Heißhunger	Magen / Darm	Sulfur	C6	C6
Appetitmangel	Magen / Darm	Iris	D6	
Argwohn	Psyche	Lachesis	C30	C30
Art (Frauenmittel ,meist brünett, emotional hart u. distanziert, reizbar)	Konstitution	Sepia	C30	
Art: liebenswürdige Menschen voll unterdrückter Gefühle	Konstitution	Staphisagria	C30	C30
Arteriosklerose (Verkalkung)	Gefäße	Arnica	C30	D6
Arthritis	Rheuma	Bryonia	D6/C30	C6
Arthritis	Rheuma	Rhus tox.	D12	D12
Asthma bronchiale	Atemwege	Cuprum metall	C30	
Asthma bronchiale	Atemwege	Dulcamara	D6/C30	D6
Asthma bronchiale	Atemwege	Hepar sulf.	D12/C30	D12
Asthma bronchiale	Atemwege	Ipecacuanha	C30	
Asthma bronchiale	Atemwege	Luffa	D6	
Asthma bronchiale	Atemwege	Phosphorus	C30	C30

Symptom / Erkrankung	Rubrik	Mittel	Potenz	
Asthma bronchiale	Atemwege	Pulsatilla	D6/C30	D6
Asthma bronchiale (beim Reden)	Atemwege	Drosera	C30	
Atembeschwerden (möchte Fenster weit offen haben)	Atemwege	Sulfur	C6	C6
Atemnot (durch Blähungen oder Überessen)	Atemwege	Carbo veg	C30	D12
Atemwegserkrankungen (entzündliche)	Atemwege	Rumex	D6	
Atemwegserkrankungen(mit trockenem, schmerzhaft. Krampfhusten)	Atemwege	Bryonia	D6/C30	C6
Aufstoßen	Magen / Darm	Argentum nitr	D12	
Aufstoßen (faulig; sauer)	Magen / Darm	Chamomilla	D6/C30	C6
Aufstoßen (faulig;)	Magen / Darm	Mercurius solub.	D12/C30	
Aufstoßen (leer, bitter)	Magen / Darm	Hyoscyamus	D6	
Aufstoßen (sauer, bitter)	Magen / Darm	Nux vomica	D6/C30	D6
Aufstoßen (unverdauter Nahrung - mundvollweise)	Magen / Darm	Phosphorus	C30	C30
Aufstoßen, saures-, (Übelkeit)	Magen / Darm	Kalium carb.	C6/C30	
Augen - Hornhautgeschwüre	Augen / Entzündungen	Hepar sulf.	C30	D12
Augen (eingesunken mit blauen Ringen)	Augen	Secale	C6/C30	
Augen (lichtscheu)	Augen	Nux vomica	C30	D6
Augen (Lid rot, dick, geschwollen, viel, brennendes, scharfes Sekret)	Augen	Mercurius solub.	D12	
Augen (schmerzhaft)	Augen	Phytolacca	D4/C30	
Augen brennen und jucken	Augen / Entzündungen	Euphrasia	C30	C30
Augen schwimmen dauernd	Augen / Entzündungen	Euphrasia	C30	C30
Augen, lidlähmung; Schwere, Schwäche,	Augen / Entzündungen	Gelsemium	C30	D6
Augen, Schleier vor den-,	Augen	Iris	D6	
Augenbrennen, reichliche milde Tränensekretion	Augen	Allium cepa	D6	
Augenlider - Ödemneigung	Ödeme / Augen	Kalium carb.	C6/C30	
Ausdünstung (dauernde, übelriechende)	Schweiß	Hepar sulf.	D12/C30	D12

Symptom / Erkrankung	Rubrik	Mittel	Potenz	
Ausfluß (Fluor)	Frauenmittel	Cimicifuga	C6/C30	
Ausfluß (Fluor)	Frauenmittel	Cocculus	D6/C30	
Ausschlag (brennend, juckende)	Haut / Schleimhaut	Staphisagria	C30	C30
Ausschlag (chron)	Haut / Schleimhaut	Sepia	C30	
Ausschlag (masernartig - juckend)	Haut / Schleimhaut	Gelsemium	D6/C30	D6
Ausschlag (näßend)	Haut / Schleimhaut	Mercurius solub.	C30	
Ausschlag (Nesselsucht u. Juckreiz)	Haut / Schleimhaut	Apis mellifica	D6/C30	C6
Ausschlag (scheint unter der Haut zu sein)	Haut / Schleimhaut	Hypericum	D6	D6
Ausschlag auf der Haut (vor der Menses)	Haut / Schleimhaut	Dulcamara	D6/C30	D6
Ausschlag mit nächtlichem Juckreiz	Haut / Schleimhaut	Iris	D6	
Ausschläge (pustulös)	Haut / Schleimhaut	Tartarus	C30	
Bauchkrämpfe (plötzlich und kolikartig)	Krämpfe / Spannungen	Viburnum opulus	C30	
Bauchspeicheldrüsenschäden	Bauchspeicheldrüse	Okoubaka	D3	
beeinflußbar	Psyche	Phosphorus	C30	C30
bei Aluminium verunreinigte Luft	Umwelt	Alumina	C30	
Beine (Kälte von den Knien nach unten) Zehen rot und geschwollen	Extremitäten	Carbo veg	C30	D12
Beine und Rücken geben nach	Muskeln / Nerven	Kalium carb.	C6/C30	
beißt leicht auf die Wangeninnenseite	Mund / Zähne	Ignatia	C30	C30
beißt, wütet, schlägt	Psyche	Belladonna	D6/C30	C6
Benommenheit - Schwindel v. Hinterkopf her - Betäubung und Zittern	Geist / Gemüt / Befinden	Gelsemium	C6/C30	D6
Berührung - Überempfindlich gegen	Empfindung	Aconitum	C30	C6
Berührung o. Druck Empfindlichkeit	Empfindung	Apis mellifica	D6/C30	C6
Beschwerden (nach Arznei- Genußmittelabusus)	Magen / Darm	Nux vomica	C30	D6
Beschwerden (plötzlich)	Geist / Gemüt / Befinden	Phosphorus	C30	C30
Beschwerden (Reißen, Ziehen, Steifheit in allen Glieder)	Geist / Gemüt / Befinden	Rhus tox.	D12	D12
Beschwerden (rezidivierend - wiederauftretend)	Konstitution	Sulfur	C6	C6

Symptom / Erkrankung	Rubrik	Mittel	Potenz	
Beschwerden: vorwiegend links	Konstitution	Lachesis	C30	C30
Besserung durch fortgesetzte Bewegung, (man läuft sich ein)	Konstitution	Rhus tox.	D12/C30	D12
Bett - Kinder wollen sich nicht ins Bett legen lassen	Nerven / Psyche	Borax	D4	
Bettnässen, Einnässen	Niere / Blase / Harnwege	Sepia	C12	
Bettnässen, Einnässen (tagsüber)	Niere / Blase / Harnwege	Ferrum phos.	C30	D12
Bewegung, Besserung durch fortgesetzte-, man läuft sich ein	Konstitution	Rhus tox.	D12/C30	D12
Bewußtseinsverlust, plötzlicher; mit rotem Gesicht	Herz / Kreislauf	Cantharis	D6	C6
Bindehautentzündung	Augen	Apis mellifica	D6/C30	C6
Bindehautentzündung	Augen	Pulsatilla	D6/C30	D6
Bindehautentzündung (jede Erkältung schlägt aufs Auge)	Augen / Entzündungen	Dulcamara	D6/C30	D6
Bissverletzung (Tier)	Wunde / Verletzungen	Hypericum	D6	D6
Bißverletzungen (Tiere, Insekten)	Wunde / Verletzungen	Ledum	C30	C30
Blähsucht	Magen / Darm	Rumex	D6	
Blähungen	Magen / Darm	Sepia	C12	
Blähungen (Meteorismus) stark aufgetriebener Bauch	Magen / Darm	Argentum nitr	D12	
Blähungen (Meteorismus), Blähungskolik	Magen / Darm	Carbo veg	C30	D12
Blähungen (Meteorismus), stark	Magen / Darm	Ignatia	C30	C30
Blähungen, heiße-,	Magen / Darm	Staphisagria	C30	C30
Blähungskolik	Magen / Darm	Kalium carb.	C6/C30	
Blähungskolik	Magen / Darm	Nux vomica	D6/C30	D6
Blähungskolik (bei Säuglingen)	Magen / Darm	Magnesium phos	C30	
Blasenentzündung	Niere / Blase / Harnwege	Staphisagria	C30	C30
Blasenentzündung	Niere / Blase / Harnwege	Nux vomica	D6/C30	D6
Blasenentzündung (Brennender Schmerz beim Wasserlassen)	Niere / Blase / Harnwege	Cantharis	D6	C6
Blasenentzündung (Urin dickes, schleimiges, eitriges Sediment, Harnzwang)	Niere / Blase / Harnwege	Dulcamara	D6/C30	D6

Symptom / Erkrankung	Rubrik	Mittel	Potenz	Potenz
Blasenentzündung / Zystitis	Niere / Blase / Harnwege	Sepia	C12	
Blasenkrämpfe nach Operationen	Niere / Blase / Harnwege	Colocyntis	D6	C6
Blinddarmreizung	Erkrankungen / Diagnosen	Bryonia	D6	C6
Blutdruck (hoher) u schnellem Puls Herzbeschwerden m Schmerz li Schulter	Herz / Kreislauf	Aconitum	D6	C6
Blutdruck, hoher-, (Hypertonie)	Herz / Kreislauf	Secale	C6/C30	C6
Blutdruck, hoher-, (Hypertonie)	Herz / Kreislauf	Sulfur	C6	C6
Blutdruck, hoher-, (Hypertonie) - unregelmäßige Schläge	Herz / Kreislauf	Lachesis	C30	C30
Blutdruck, niedriger-, (Hypotonie)	Herz / Kreislauf	Staphisagria	C30	C30
Blutungen (aller Art)	Wunde / Verletzungen	Arnica	D6/C30	D6
Blutungen (aus Nase und Mund)	Verletzungen / Blutungen	Drosera	C30	
Blutungen (hellrot und reichlich)	Verletzungen / Blutungen	Ipecacuanha	D6	
Blutungen (kleinster Wunden, wochenlang)	Verletzungen / Blutungen	Secale	C6/C30	
Blutungen (Sickerblutungen aus Schleimhäuten, z.B.: Nase, Aphten)	Verletzungen / Blutungen	Carbo veg	C30	D12
Blutungen (Spätblutungen, Blutstauungen)	Verletzungen / Blutungen	Sepia	C12	
Blutungen (Wunden, Zahnfleisch, nach Zahnextraktionen, Nase)	Verletzungen / Blutungen	Phosphorus	C30	C30
Blutwallungen zum Kopf	Kopf	Lachesis	C30	C30
Brandblasen	Haut	Cantharis	D6	C6
Brandwunde	Wunde / Verletzungen	Hypericum	D6	D6
Brennen (Verdauungstrakt, Hals, Magen, Anus,)	Magen / Darm	Iris	D6	
Brennen in Sohlen und Händen nachts	Empfindung	Sulfur	C6	C6
Bronchitis	Atemwege	Dulcamara	D6/C30	D6
Bronchitis	Atemwege	Ferrum phos.	C30	D12
Bronchitis	Atemwege	Lachesis	C30	C30
Bronchitis	Atemwege	Mercurius solub.	D12	
Bronchitis	Atemwege	Phosphorus	C30	C30

Symptom / Erkrankung	Rubrik	Mittel	Potenz		
Bronchitis	Atemwege	Pulsatilla	D6/C6	D6	
Bronchitis	Atemwege	Rhus tox.	D12	D12	
Bronchitis	Atemwege	Tartarus	C30		
Bronchitis (krampfartiger, trockener, kitzelnder Reizhusten)	Atemwege	Chamomilla	D6/C30	C6	
Bronchitis (Kurzatmig - heiserer, trockener, kruppöser Husten)	Atemwege	Aconitum	D6	C6	
Bronchitis (mit dickem, gelbem Sekret)	Atemwege	Hepar sulf.	D12	D12	
Bronchitis (mit dickem, gelbem Sekret)	Atemwege	Ipecacuanha	D6		
Bronchitis (mit trockenem, schmerzhaft. Krampfhusten)	Atemwege	Bryonia	D6/C30	C6	
Bronchitis (Rasseln,Pfeifen,Husten mit Brennen u. jucken in der Kehle)	Atemwege	Carbo veg	C30	D12	
Bronchitis (trockener, bellender, hohlklingender, krampfartiger, quälender Husten - wie Keuchhusten)	Atemwege	Drosera	C30		
Bronchitis kitzelnder, kurzer trockener Husten - Verschlimmerung nachts	Atemwege	Belladonna	D6/C30	C6	
Bronchpneumonie	Atemwege	Tartarus	C30		
Brustdrüse (geschwollen und verhärtet)	Drüsen / Stoffwechsel	Phytolacca	D2/C6		
Brüste (hart u. empfindlich - Brustwarzen aufgesprungen)	Drüsen / Stoffwechsel	Phytolacca	D2/C6		
Brustwarzen aufgesprungen (Brüste hart u. empfindlich)	Drüsen / Stoffwechsel	Phytolacca	D2/C6		
Bursitis (Schleimbeutelentzündung)	Bewegungsapparat	Bryonia	D6	C6	
Bursitis (Schleimbeutelentzündung)	Bewegungsapparat	Rhus tox.	D12	D12	
Bursitis (Schleimbeutelentzündung)	Bewegungsapparat	Thuja	C30		
Cholera	Infektion	Iris	D6		
Colitis ulcerosa	Magen / Darm	Mercurius solub.	C30		
Commotio cerebri (Gehirnerschütterung) - Contusio cerebri	Kopf	Arnica	D6/C30	D6	
Commotio cerebri (Gehirnerschütterung) - Contusio cerebri	Kopf	Hypericum	D6	D6	
Cysten an den Eierstöcken	Frauenmittel	Phosphorus	C30	C30	
Darmlähmung (nach Operation)	Magen / Darm	Staphisagria	C30	C30	

79

Symptom / Erkrankung	Rubrik	Mittel	Potenz	
Depressionen	Psyche	Hypericum	D6	D6
Depressionen	Psyche	Natrium mur	C30	C30
Depressionen (hormonell)	Frauenmittel	Agnus castus	D6/C30	
Depressionen starke (mit Träumen von bevorstehendem Unheil)	Psyche	Cimicifuga	C6/C30	
depressive Verstimmung	Psyche	Lachesis	C30	C30
Depressive Verstimmung - Depressionen	Psyche	Sepia	C30	
depressive Verstimmung - seufzen und schluchzen	Psyche	Ignatia	C30	C30
Dermatitis (Hautentzündung)	Haut / Schleimhaut	Rhus tox.	D12/C30	D12
Diabetes	Drüsen / Stoffwechsel	Natrium mur	C30	C30
Diarrhoe	Magen / Darm	Colocyntis	D6	C6
Diarrhoe (blutig-schleimig)	Magen / Darm	Rhus tox.	D12/C30	D12
Diarrhoe (morgens)	Magen / Darm	Rumex	D6	
Diarrhoe (olivgrüner, dünner, fauliger, blutiger Stuhl)	Magen / Darm	Secale	C6/C30	
Diarrhoe (schleimig)	Magen / Darm	Lachesis	C30	C30
Diarrhoe (schmerzlos, schwächend)	Magen / Darm	Phosphorus	C30	C30
Diarrhoe (wässrig-gelb)	Magen / Darm	Dulcamara	D6/C30	D6
Diarrhoe (wässrig-gelb-schaumig)	Magen / Darm	Ipecacuanha	D6/C30	
Diarrhoe morgens - treibt aus dem Bett	Magen / Darm	Sulfur	C6	C6
Diarrhoe und Sehstörungen	Magen / Darm	Iris	D6	
Diarrhoe, übelriechend und Gastroenteritis	Magen / Darm	Borax	D4	
Diphtherie (postdiphtherische Paralyse - Lähmung)	Infektion	Gelsemium	C30	D6
Drüsen (Schwellung und Verhärtung)	Drüsen / Stoffwechsel	Phytolacca	D4/C30	
Drüsen (Schwellung)	Drüsen / Stoffwechsel	Rhus tox.	D12/C30	D12
Drüsenbeschwerden	Drüsen	Dulcamara	D6	D6
Durchfall	Magen / Darm	Colocyntis	D6	C6
Durchfall (blutig-schleimig)	Magen / Darm	Rhus tox.	D12/C30	D12

Symptom / Erkrankung	Rubrik	Mittel	Potenz	
Durchfall (Diarrhoe) aus Angst vor bevorstehenden Prüfungen	Magen / Darm	Argentum nitr	D12	
Durchfall (Diarrhoe) mit starken Tenesmen	Magen / Darm	Aristolochia	D12	
Durchfall (morgens)	Magen / Darm	Rumex	D6	
Durchfall (olivgrüner, dünner, fauliger, blutiger Stuhl)	Magen / Darm	Secale	C6/C30	
Durchfall (schleimig)	Magen / Darm	Lachesis	C30	C30
Durchfall (schmerzlos, schwächend)	Magen / Darm	Phosphorus	C30	C30
Durchfall (wässrig-gelb)	Magen / Darm	Dulcamara	D6/C30	D6
Durchfall (wässrig-gelb-schaumig)	Magen / Darm	Ipecacuanha	D6/C30	
Durchfall (wässrig-mit schwallartiger Entleerung)	Magen / Darm	Veratrum album	D6/C30	D6
Durchfall u. Sehstörungen / Nachtdurchfall mit Schmerz u.grün	Magen / Darm	Iris	D6	
Durst (auf kaltes Wasser)	Magen / Darm	Veratrum album	D6/C30	D6
Durst (groß bei feuchtem Mund)	Magen / Darm	Mercurius solub.	D12/C30	
Durst (groß)	Magen / Darm	Eupatorium	D6/C30	D6
Durst, brennender -, auf kalte Getränke, Widerwille gegen Nahrung;	Magen / Darm	Dulcamara	C30	D6
Durst, extrem (mit Trockenheit von Lippen, Mund, Zunge u. Hals)	Magen / Darm	Bryonia	C30	C6
durstig	Magen / Darm	Chamomilla	D6/C30	C6
Dysmenorrhoe (schmerzhafte Menstruation)	Frauenmittel	Cimicifuga	D6/C30	
Dysmenorrhoe (schmerzhafte Menstruation)	Frauenmittel	Cocculus	D6/C30	
Dysmenorrhoe (schmerzhafte Menstruation)	Frauenmittel	Lachesis	C30	C30
Dysmenorrhoe (schmerzhafte Menstruation)	Frauenmittel	Nux vomica	C6/C30	D6
Dysmenorrhoe (schmerzhafte Menstruation)	Frauenmittel	Pulsatilla	D6/C30	D6
Dysmenorrhoe (schmerzhafte Menstruation)	Frauenmittel	Sepia	C12	
Dysmenorrhoe (schmerzhafte Menstruation)	Magen / Darm	Magnesium phos	C30	
Dysmenorrhoe (schmerzhafte Menstruation) schwere	Frauenmittel	Veratrum album	D6/C30	D6
Eifersucht	Psyche	Hyoscyamus	D6	
Eifersucht	Psyche	Lachesis	C30	C30

Symptom / Erkrankung	Rubrik	Mittel	Potenz
Einnässen, Bettnässen	Niere / Blase / Harnwege	Sepia	C12
Einnässen, Bettnässen tagsüber	Niere / Blase / Harnwege	Ferrum phos.	C30 D12
Eiterungen	Entzündungen	Silicea	C6 C10
Eiterungen	Entzündungen / Haut	Borax	D4
Eiterungen	Entzündungen / Haut	Hepar sulf.	D12 D12
Eiterungen	Entzündungen / Haut	Mercurius solub.	D12
Eiterungen	Entzündungen / Haut	Silicea	C6 C10
Eiterungen, Neigung zu- , (bei geringster Verletzung)	Entzündungen	Hepar sulf.	D12 D12
Eiterungsneigung der Haut auch bei kleinsten Verletzungen	Haut / Schleimhaut	Borax	D4
Ekzeme (näßend)	Haut / Schleimhaut	Mercurius solub.	C30
Ekzeme (pustulös, juckend)	Haut / Schleimhaut	Rhus tox.	D12/C30 D12
Ekzeme (seborrhoisches (Talg))	Haut / Schleimhaut	Sulfur	C6 C6
Elektrischer Schlag, Folgen von einem-,	Verletzungen	Phosphorus	C30 C30
Embolie	Herz / Kreislauf	Lachesis	C30 C30
Empfindlichkeit (kalte Luft und Entblößen der Haut)	Geist / Gemüt / Befinden	Rumex	D6
Entbindung	Schwangerschaft / Entbind.	Arnica	D6/C30 D6
Entschlossenheit, Mangel an moralischer u. physischer-,	Psyche	Silicea	C30 C10
Entzündung der Atmungsorgane (Sinusitis, Rhinitis, Bronchitis etc.)	Atemwege	Phosphorus	C30 C30
Entzündungen	Entzündungen	Ferrum phos.	D12 D12
Entzündungen (akut, eitrig) (Hals-, Nasen-, Ohrenbereich)	Entzündungen	Hepar sulf.	D12 D12
Entzündungen mit Rötung, Schwellung und Schmerz	Entzündungen	Belladonna	D6 C6
Epilepsie	Erkrankungen / Diagnosen	Hyoscyamus	D6
Epilepsie	Erkrankungen / Diagnosen	Silicea	C30 C10
Erbrechen	Magen / Darm	Cocculus	D6/C30
Erbrechen	Magen / Darm	Tartarus	C30
Erbrechen - Übelkeit	Magen / Darm	Phosphorus	C30 C30

Symptom / Erkrankung	Rubrik	Mittel	Potenz	Potenz
Erbrechen (mit ständiger Übelkeit) ohne Erleichterung, selbst bei leerem Magen	Magen / Darm	Ipecacuanha	D6	
Erbrechen - Übelkeit - Völlegefühl (morgens n.d.E.)	Magen / Darm	Nux vomica	D6/C30	D6
Erbrechen (durch verdorbenen Magen)	Magen / Darm	Nux vomica	D6	D6
Erbrechen (schmerzbedingt)	Magen / Darm	Colocyntis	D6	C6
Erbrechen (unverdauter Nahrung)	Magen / Darm	Ferrum phos.	D12/C30	D12
Erbrechen (weißer, zäher Schleim) brennender Durst auf kalte Getränke	Magen / Darm	Dulcamara	D6/C30	D6
Erbrechen heftig, Übelkeit	Magen / Darm	Veratrum album	D6/C30	D6
Erbrechen siehe ggf. auch unter Schwangerschaftserbrechen				
Erbrechen von Galle	Magen / Darm	Eupatorium	D6/C30	D6
Erbrechen wie von Kaffeesatz	Magen / Darm	Pyrogenium	C30	
Erbrechen, (bieteres, galliges)	Magen / Darm	Chamomilla	D6/C30	C6
Erbrechen, leeres Würgen	Magen / Darm	Belladonna	D6	C6
Erholung (Personen, die sich nie völlig von den Wirkungen einer vorangegangenen Krankheit erholt haben)	Rekonvaleszenz	Carbo veg	C30	D12
Erkältungen lösen sich nicht	Erkältungskrankheiten	Silicea	C6	C10
Erkältungsneigung	Erkältungskrankheiten	Pulsatilla	D6	D6
Erkältungsneigung, große-,	Erkältungskrankheiten	Nux vomica	D6/C6	D6
Ermüdung, rasche-,	Geist / Gemüt / Befinden	Phosphorus	C30	C30
Ermüdungsgefühl	Empfindung	Gelsemium	D6/C30	D6
Ernährungsgewohnheiten (Veränderung z.B. Fernreisen)	Ernährung	Okoubaka	D3	
Erregbarkeit (große, nervöse)	Psyche	Phosphorus	C30	C30
Erschöpfung	Befinden	Cocculus	C30	
Erschöpfung extrem nach leichtester Anstrengung	Geist / Gemüt / Befinden	Arsenicum	C30	C6
Erschöpfung mit raschem Kräfteverfall	Geist / Gemüt / Befinden	Tartarus	C30	
Erschöpfung nach geistiger Überanstrengung	Geist / Gemüt / Befinden	Cocculus	D6/C30	

83

Symptom / Erkrankung	Rubrik	Mittel	Potenz		
Erschöpfung nach körperlicher Überanstrengung	Geist / Gemüt / Befinden	Arnica	D6	D6	D6
Erschöpfung -Überempfindlich gegen äußere Einflüsse,	Befinden	Phosphorus	C30	C30	C30
Erstickungsanfall (Husten - Bronchitis)	Atemwege	Hepar sulf.	D12/C30	D12/C30	D12
Erwartungsspannung	Psyche	Argentum nitr	D12		
Erysipel (Wundrose) mit Bläschen - (unbedingt den Arzt aufsuchen!)	Haut / Schleimhaut	Rhus tox.	D12/C30	D12/C30	D12
Essen, schläfrig nach dem-,	Magen / Darm	Rhus tox.	D12/C30	D12/C30	D12
Extrovertiert (sprühende Menschen)	Psyche	Phosphorus	C30	C30	C30
Fehlgeburt, verhütet oft-,	Schwangerschaft / Entbind.	Viburnum opulus	C30		
Fersenschmerz	Knochen / Schmerzen	Phytolacca	D4/C30		
Fett, Folgen von fettem Essen	Ernährung	Pulsatilla	C30	D6	D6
Fieber (bei jeder Menstruation)	Fieber	Pulsatilla	C6	D6	D6
Fieber (Frösteln innen, Zittern, heißes Gesicht, kalte Hände, kein Durst)	Fieber	Drosera	C30		
Fieber (hoch) ohne sonstige Begleiterscheinungen	Fieber	Ferrum phos.	D12	D12	D12
Fieber (langsam steigend)	Fieber	Bryonia	D6	D6	C6
Fieber (mit starkem Zerschlagenheitsgefühl u. Gliederschmerzen)	Fieber	Eupatorium	D6	D6	D6
Fieber (mit Unterbrechungen) Schüttelfrost, viel Hitze u. Übelkeit	Fieber	Ipecacuanha	D6		
Fieber (Schüttelfrost zw. 7 und 9 Uhr)	Fieber	Eupatorium	D6/C30	D6	D6
Fieber (septisch)	Fieber	Pulsatilla	D6	D6	D6
Fieber (subakut und akut)	Fieber	Ferrum phos.	D12	D12	D12
Fieber, plötzlich hohes	Fieber	Belladonna	D6	D6	C6
Fieber; Milchfieber	Fieber	Bryonia	C6	C6	C6
Fieberkrampf	Fieber	Cuprum metall	C30		
Fieberschauer den Rücken auf u. nieder mit Zittern	Fieber	Magnesium phos	C30		
Fieberschübe mit Schüttelfrost	Fieber	Aconitum	D6	D6	C6
Fingernägel (zyanotisch - bläulich)	Haare / Nägel	Nux vomica	D6/C30	D6	C6
Flockenlesen	Psyche	Hyoscyamus	D6		

Symptom / Erkrankung	Rubrik	Mittel	Potenz	
Flockenlesen	Psyche	Veratrum album	C30	D6
Fluor (Scheidensekret - Ausfluß)	Frauenmittel	Cimicifuga	C6/C30	
Fluor (Scheidensekret - Ausfluß)	Frauenmittel	Cocculus	D6/C30	
Fluor (Scheidensekret)	Schwangerschaft / Entbind.	Aristolochia	C30	
Fluor albus (Scheidensekret)	Frauenmittel	Pulsatilla	D6/C30	D6
Fluor albus (Scheidensekret) (bräunlich, übelriechend)	Frauenmittel	Secale	C6/C30	
Frauenmittel (meist brünett, emotional hart u. distanziert, reizbar)	Frauenmittel	Sepia	C30	
Fremdkörper werden aus dem Gewebe abgestoßen (Vorsicht bei Frauen mit Spiralen, bei Kriegsverletzten, Zugluft)	Wunde / Verletzungen	Silicea	C6	C10
Frösteln (aber Abneigung gegen Wärme)	Fieber	Pulsatilla	D6	D6
Frösteln (nach dem Essen)	Fieber	Magnesium phos	C30	
Furcht und Ängstlichkeit (große) vor Abwärtsbewegungen	Nerven / Psyche	Borax	D4	
Furunkel	Entzündungen / Haut	Hepar sulf.	D12	D12
Furunkel, Nagelbetteiterungen, Abszeße	Haut	Silicea	C6	C10
Furunkulose, Neigung zu-,	Haut / Schleimhaut	Phytolacca	D4/C30	
Gähnen stark	Verhalten	Silicea	C6	C10
Gallenkolik	Leber / Galle	Chamomilla	D6/C30	C6
Gallenkolik	Leber / Galle	Colocyntis	D6	C6
Gastritis	Magen / Darm	Nux vomica	D6/C30	D6
Gastritis	Magen / Darm	Phosphorus	C30	C30
Gastritis	Magen / Darm	Pulsatilla	D6/C30	D6
Gastritis	Magen / Darm	Sepia	C12	
Gastroenteritis	Magen / Darm	Colocyntis	D6	C6
Gastroenteritis	Magen / Darm	Ipecacuanha	D6/C30	
Gastroenteritis	Magen / Darm	Mercurius solub.	D12/C30	
Gastroenteritis	Magen / Darm	Nux vomica	D6/C30	D6

Symptom / Erkrankung	Rubrik	Mittel	Potenz	
Gastroenteritis (nach dem Genuß verdorbener Speisen)	Magen / Darm	Okoubaka	D3	
Gebärmutter- (Uterusblutungen) klumpig, dunkeles Blut	Frauenmittel	Chamomilla	D6/C30	C6
Gebärmutterkrämpfe (Uteruskrämpfe)	Frauenmittel	Caulophyllum	D4/C6	
Gebärmutterkrämpfe (Uteruskrämpfe) unter der Geburt	Schwangerschaft / Entbind.	Secale	C6/C30	
Gebärmutterprolaps	Frauenmittel	Sepia	C12	
Geburtswehen (Schwache o. ausbleibende)	Schwangerschaft / Entbind.	Secale	C6/C30	
Gedächtnisschwäche	Psyche	Argentum nitr	D12	
Gefäßspasmen (Krämpfe)	Gefäße	Secale	C6/C30	
Gefühl (Kälte innerlich und äußerlich)	Geist / Gemüt / Befinden	Veratrum album	D6/C30	D6
Gefühl (sich erkältet zu haben)	Empfindung	Dulcamara	D6	D6
Gefühl (Zerschlagen in allen Gliedern)	Geist / Gemüt / Befinden	Phytolacca	D4/C30	
Gefühl eines Haares auf der Zunge	Mund / Zähne	Silicea	C6	C10
Gefühl: taub von Arme und Hände	Geist / Gemüt / Befinden	Phosphorus	C30	C30
Gehirnerschütterung	Kopf	Arnica	D6/C30	D6
Gehirnerschütterung (Commotio cerebri)	Kopf	Hypericum	D6	D6
Gelbsucht (nach Alkoholmißbrauch)	Leber / Galle	Rumex	D6	
Gelenke (schmerzen, geschwollen, heiß, blaß)	Knochen / Schmerzen	Ledum	C30	C30
Gelenke (schmerzen,)	Knochen / Schmerzen	Phytolacca	D4	
Gelenkentzündung	Entzündungen	Rhus tox.	D12	D12
Gelenkentzündung mit großer Schwellung	Entzündungen	Apis mellifica	D6/C30	C6
Gemüt (Gleichgültigkeit-gegenüber d.Familie - sehr traurig)	Geist / Gemüt / Befinden	Sepia	C30	
Gemüt (sehr selbstsüchtig)	Geist / Gemüt / Befinden	Sulfur	C6	C6
Gemüt: introvertiert,traurig,tränenreich,melancholisch,verschlossen	Psyche	Ignatia	C30	C30
Gemüt: kann **Widerspruch nicht vertragen**, spricht hastig, launisch,	Geist / Gemüt / Befinden	Cocculus	C30	
Genesung (Personen, die sich nie völlig von den Wirkungen einer vorangegangenen Krankheit erholt haben)	Rekonvaleszenz	Carbo veg	C30	D12

Symptom / Erkrankung	Rubrik	Mittel	Potenz	
Geräusch-, Geruchs-, Lichtempfindlichkeit	Sinne	Nux vomica	D6/C30	D6
Gerstenkorn	Augen	Apis mellifica	D6/C30	C6
Gerstenkorn	Augen	Silicea	C6	C10
Gerstenkorn	Augen	Staphisagria	C30	C30
Geruch (Absonderungen stinken scheußlich)	Sinne	Pyrogenium	C30	
Geruch, faulig (aller Absonderungen)	Sinne	Arsenicum	C30	C6
Geruch: wie von altem Käse	Sinne	Hepar sulf.	D12/C30	D12
Gerüche, empfindlich gegen alle; Schnupfen;	Sinne	Chamomilla	D6/C30	C6
Geruchs-,Geräusch-, Lichtempfindlichkeit	Sinne	Nux vomica	D6/C30	D6
Geruchsillusion	Sinne	Agnus castus	D6/C30	
Geschmack (bitter) anhaltend	Sinne	Aconitum	C30	C6
Geschmack (bitter) morgens	Sinne	Sulfur	C6	C6
Geschmack (bitter) und wie von faulen Eiern	Sinne	Arnica	D6/C30	D6
Geschmack (faulig)	Sinne	Gelsemium	D6/C30	D6
Geschmack (metallisch - schleimig) mit Speichelfluß	Sinne	Cuprum metall	C30	
Geschmack (metallisch)	Sinne	Cocculus	D6/C30	
Geschmack (metallisch)	Sinne	Mercurius solub.	D12	
Geschmack (sauer)	Sinne	Ignatia	C30	C30
Geschmack (schrecklich stinkend)	Sinne	Pyrogenium	C30	
Geschmacksverlust	Sinne	Bryonia	D6/C30	C6
Geschwätzigkeit (groß)	Psyche	Pyrogenium	C30	
Geschwätzigkeit (groß)	Verhalten	Hyoscyamus	D6	
Gesicht - bläuliche Blässe	Aussehen	Veratrum album	D6/C30	D6
Gesicht (heiß, schwer, gerötet, berauscht aussehend)	Gesicht	Gelsemium	D6/C30	D6
Gesichtsneuralgie	Nerven / Schmerzen	Magnesium phos	C30	
Getragen (will getragen werden)	Geist / Gemüt / Befinden	Pulsatilla	C30	D6

87

Symptom / Erkrankung	Rubrik	Mittel	Potenz	Potenz
Getragen (will getragen werden)	Psyche	Chamomilla	D6/C30	C6
Getränke, verlangen nach kalten-, (die aber erbrochen werden)	Magen / Darm	Phosphorus	C30	C30
Gicht	Rheuma	Rhododendron	C30	
Gichtanfall (schwer zu helfen)	Rheuma	Ledum	D6	C30
Gleichgültigkeit, mürrische-,	Psyche	Veratrum album	C30	D6
Globus hystericus (Kloß im Hals)	Psyche	Ignatia	C30	C30
Grindflechte (Impetigo)	Haut / Schleimhaut	Tartarus	C30	
grippaler Infekt	Erkältungskrankheiten	Bryonia	D6	C6
grippaler Infekt	Erkältungskrankheiten	Eupatorium	D6	D6
grippaler Infekt	Erkältungskrankheiten	Nux vomica	D6/C6	D6
grippaler Infekt	Erkältungskrankheiten	Phytolacca	D4	
grippaler Infekt	Erkältungskrankheiten	Rhus tox.	D12	D12
grippaler Infekt fiebrig - heiße Hände kalte Füsse	Erkältungskrankheiten	Aconitum	D6	C6
grippaler Infekt langsames Atmen, trockener Husten, wunde Brust	Erkältungskrankheiten	Gelsemium	D6	D6
grippaler Infekt, gr. Angst u Unruhe, ändert dauernd die Lage, Brennen	Erkältungskrankheiten	Arsenicum	C30	C6
Gürtelrose	Haut / Schleimhaut	Dulcamara	D6/C30	D6
Haar sehr fettig	Haare / Nägel	Bryonia	C30	C6
Haarausfall	Haare / Nägel	Hypericum	D6	D6
Haare (blond) oft	Haare / Nägel	Pulsatilla	C30	D6
Halluzinationen, Wahnideen	Psyche	Belladonna	C30	C6
Halluzinationen, Wahnideen	Psyche	Hyoscyamus	D6	
Hals - chron. wund	Hals	Lachesis	C30	C30
Hals (brennende Schmerzen , Hals dunkelrot)	Hals / Atemwege	Phytolacca	D4/C30	
Halsbeschwerden (schwieriges Schlucken, Schluckzwang)	Erkältungskrankheiten	Belladonna	D6	C6
Halsentzündung (Angina, Kehlkopf, eitrig) Laryngitis / Tonsillitis	Atemwege	Hepar sulf.	D12	D12

Symptom / Erkrankung	Rubrik	Mittel	Potenz	
Halsgefühl: beim Schlucken Kloß- oder Splittergefühl	Atemwege	Hepar sulf.	D12/C30	D12
Halsschmerzen	Hals / Atemwege	Silicea	C6	C10
Halsschmerzen (besser durch schlucken)	Hals / Schmerzen	Ignatia	C30	C30
Halsschmerzen (Pharyngitis-Heiserkeit)	Hals / Schmerzen	Apis mellifica	D6/C30	C6
Hämatomen	Wunde / Verletzungen	Arnica	D6/C30	D6
Hämorrhoiden	Magen / Darm	Hypericum	D6	D6
Hämorrhoiden	Magen / Darm	Lachesis	C30	C30
Hämorrhoiden	Magen / Darm	Nux vomica	C30	D6
Hämorrhoiden	Magen / Darm	Sepia	C12	
Hände (heiß und schweißig) brennen	Schweiß	Sulfur	C6	C6
Harndrang (häufiger)	Niere / Blase / Harnwege	Sepia	C12	
Harndrang (häufiger, kann Wasser beim Husten o. Gehen nicht halten)	Niere / Blase / Harnwege	Viburnum opulus	C30	
Harndrang u.brennende,schneidende Schmerzen beim Wasserlassen	Niere / Blase / Harnwege	Cantharis	D6	C6
Harnflut	Niere / Blase / Harnwege	Gelsemium	D6/C30	D6
Harninkontinenz	Niere / Blase / Harnwege	Sepia	C12	
Harnleiterentzündung (mit eitriger Absonderung)	Niere / Blase / Harnwege	Mercurius solub.	D12/C30	
Harnwegsinfekt	Niere / Blase / Harnwege	Cantharis	D6	C6
Haut (brennen, Hitze, jucken)	Haut / Schleimhaut	Sulfur	C6	C6
Haut (fast dauernd feucht)	Haut / Schleimhaut	Mercurius solub.	D12/C30	
Haut (heiß u. trocken, juckend, masernartiger Ausschlag)	Haut / Schleimhaut	Gelsemium	D6/C30	D6
Haut (hellhäutig) oft	Haut / Schleimhaut	Pulsatilla	C30	D6
Haut (rote Bläschen)	Haut / Schleimhaut	Rumex	D6	
Haut (ungesund, tiefe Risse an Händen und Füßen)	Entzündungen / Haut	Hepar sulf.	D12/C30	D12
Haut: blau, zyanotisch	Haut	Carbo veg	C30	D12
Heimweh	Geist / Gemüt / Befinden	Ignatia	C30	C30

Symptom / Erkrankung	Rubrik	Mittel	Potenz	
Heimweh	Geist / Gemüt / Befinden	Pulsatilla	D6/C30	D6
Heisekeit und Verlust der Stimme	Hals / Atemwege	Kalium carb.	C6/C30	
Heiserkeit	Atemwege	Eupatorium	D6/C30	D6
Heiserkeit	Hals / Atemwege	Ipecacuanha	D6/C30	
Heiserkeit	Hals / Atemwege	Phosphorus	C30	C30
Heiserkeit (chron.) Laryngitis	Hals / Atemwege	Argentum nitr	D12	
Heiserkeit (chron.) Laryngitis; tiefe heisere Stimme;	Atemwege	Drosera	C30	
Heiserkeit (Halsschmerzen)	Hals / Schmerzen	Apis mellifica	D6/C30	C6
Heiserkeit (Kehle wund und rauh)	Atemwege	Magnesium phos	C30	
Heiserkeit / Kehlkopf / Atembeklemmung	Atemwege	Allium cepa	D6	
Heiserkeit, räuspern,	Atemwege	Chamomilla	D6/C30	C6
Heiserkeit; Laryngitis (Kehlkopfentzündung)	Atemwege	Carbo veg	C30	D12
Heißhunger	Magen / Darm	Natrium mur	C30	C30
Heißhunger	Magen / Darm	Phosphorus	C30	C30
Heißhunger	Magen / Darm	Phosphorus	C30	C30
Heißhunger	Magen / Darm	Sulfur	C6	C6
Heißhunger	Magen / Darm	Veratrum album	D6/C30	D6
Heißhunger (aber trotzdem Abmagerung)	Magen / Darm	Secale	C6/C30	
Heißhunger oder Appetitlosigkeit	Magen / Darm	Sulfur	C6	C6
Hepatopathie	Leber / Galle	Pulsatilla	D6/C30	D6
Hepatopathie	Leber / Galle	Sepia	C12	
Herpes (hinter den Ohren)	Haut / Schleimhaut	Sepia	C12	
Herpes (Kälteherpes)	Entzündungen / Haut	Hepar sulf.	D12	D12
Herpes (labialis o. zoster, - Lippenherpes o. Gürtelrose)	Haut / Schleimhaut	Dulcamara	D6	D6
Herpes (Simplex, Zoster)	Haut / Schleimhaut	Rhus tox.	D12/C30	D12
Herpes simplex	Haut / Schleimhaut	Borax	D4	

Symptom / Erkrankung	Rubrik	Mittel	Potenz	
Herpes simplex - labialis	Haut / Schleimhaut	Natrium mur	C30	C30
Herpes zoster verbunden mit Magenstörungen	Haut / Schleimhaut	Iris	D6	
Herpes, Lippen-,	Haut / Schleimhaut	Dulcamara	D6	D6
Herz (geschwächte Herztätigkeit)	Herz / Kreislauf	Carbo veg	C30	D12
Herz, arrhythmisch, Gefühl, als ob es nötig wäre, in Bewegung zu bleiben, andernfalls die Herztätigkeit aufhören würde.	Herz / Kreislauf	Gelsemium	D6/C30	D6
Herzbeschwerden (nervös)	Herz / Kreislauf	Argentum nitr	D12	
Herzbeschwerden, nervöse-,	Herz / Kreislauf	Phosphorus	C30	C30
Herzentzündungen	Herz / Kreislauf	Lachesis	C30	C30
Herzentzündungen (Endokarditis, Myokarditis)	Herz / Kreislauf	Phosphorus	C30	C30
Herzklopfen	Herz / Kreislauf	Arsenicum	C30	C6
Herzklopfen	Herz / Kreislauf	Belladonna	D6/C30	C6
Herzklopfen	Herz / Kreislauf	Lachesis	C30	C30
Herzklopfen	Herz / Kreislauf	Pyrogenium	C30	
Herzklopfen	Herz / Kreislauf	Rhus tox.	C30	D12
Herzklopfen (als ob das Herz zu voll wäre)	Herz / Kreislauf	Pulsatilla	D6/C30	D6
Herzneurose	Herz / Kreislauf	Cimicifuga	C6	
Heufieber	Allergie	Hepar sulf.	D12/C30	D12
Hexenschuß	Nerven / Schmerzen	Cimicifuga	D6	
Himmüdigkeit	Kopf	Silicea	C30	C10
Hitze, Rötung	Aussehen	Belladonna	D6/C30	C6
Hitzewallungen	Frauenmittel	Sepia	C30	
Hitzewallungen	Frauenmittel	Sulfur	C6	C6
hochakute entzündliche Erkrankung	Entzündungen	Aconitum	D6	C6
Hochmut	Psyche	Veratrum album	C30	D6
Hornhautgeschwüre	Augen / Entzündungen	Hepar sulf.	C30	D12

Symptom / Erkrankung	Rubrik	Mittel	Potenz
Husten (bei Blöße oder Kälte eines Körperteils, o. kalte Speisen) (rasselnd, krächzend, feucht, erstickend)	Atemwege	Hepar sulf.	D12/C30 D12
Husten (krampfartiger, trockener Kitzelhusten, schlimmer nachts)	Atemwege	Hyoscyamus	D6
Husten (heftig b. Niederlegen, Auswurf: dick, gelb, klumpig)	Atemwege	Silicea	C6 C10
Husten (Keuchhusten, trockener, erstickender, mit Schleimrasseln) unaufhörlich und heftig mit jedem Atemzug	Atemwege	Ipecacuanha	D6/C30
Husten (kitzelnd, hart, trocken mit wunder Brust - nachts besser!)	Atemwege	Ferrum phos.	D12/C30 D12
Husten (Krampfhusten)	Atemwege	Cuprum metall	C30
Husten (locker - viel Schleimrasseln)	Atemwege	Sulfur	C6 C6
Husten (Reizhusten)	Atemwege	Chamomilla	D6 C6
Husten (Reizhusten)	Atemwege	Drosera	C30
Husten (spastisch, trocken, kitzelnder)	Atemwege	Magnesium phos	C30
Husten (trocken und sehr schmerzhaft)	Atemwege	Eupatorium	D6/C30 D6
Husten (trocken, hart, gegen ca. 3 Uhr, u. stechenden Schmerzen)	Atemwege	Kalium carb.	C6/C30
Husten (trockener, quälender Husten, vor allem nachts)	Atemwege	Rhus tox.	D12 D12
Husten (unaufhörlicher, ermattender, trockener, quälender Reizhusten, mit schmerzhaftem Wundheitsgefühl in der Brust)	Atemwege	Rumex	D6
Husten (zähes, fadenziehendes, schleimiges Sekret, das nicht abgehustet werden kann)	Atemwege	Tartarus	C30
Husten heftig u. massenhaft Auswurf u. starker Fließschnupfen	Atemwege	Euphrasia	C30 C30
Husten, bellender; mit Schmerz in der li. Hüfte,	Erkältungskrankheiten	Belladonna	D6 C6
Husten, mit Brennen, Rasseln u. Pfeifen,u. jucken in der Kehle	Atemwege	Carbo veg	C30 D12
Husten: trockener, bellender, hohlklingender, krampfartiger, quälender Husten, Anfälle folgen rasch aufeinander, gelber Auswurf	Atemwege	Drosera	C30
Hyperemesis gravidarum	Schwangerschaft / Entbind.	Cocculus	D6
Hypertonie	Herz / Kreislauf	Lachesis	C30 C30
Hypertonie (hoher Blutdruck)	Herz / Kreislauf	Secale	C6/C30

Symptom / Erkrankung	Rubrik	Mittel	Potenz	
Hypertonie -Blutdruck, hoher	Herz / Kreislauf	Sulfur	C6	C6
Hypertonie -Blutdruck, hoher - unregelmäßige Schläge	Herz / Kreislauf	Lachesis	C30	C30
Hypomenorrhoe	Frauenmittel	Pulsatilla	D6/C30	D6
Hypotonie	Herz / Kreislauf	Lachesis	C30	C30
Hypotonie (niedriger Blutdruck)	Herz / Kreislauf	Staphisagria	C30	C30
Hysterie (Wutausbrüche aus unbedeutendem Anlaß, Lach- u. Weinkrämpfe)	Psyche	Ignatia	C30	C30
hysterische Schwachsichtigkeit	Augen / Entzündungen	Gelsemium	C30	D6
Impfschäden	Impfschäden	Silicea	C30	C10
Impfschäden	Impfschäden	Thuja	C30	
Impotenz	Männer / Frauenmittel	Agnus castus	C30	
Infektionskrankheiten	Infektion	Ferrum phos.	D12/C30	D12
Infektionskrankheiten, nach-,	Infektion	Okoubaka	D3	
Infektionsverhütung	Infektion	Sulfur	C6	C6
Influenza (unbedingt den Arzt aufsuchen!)	Infektion	Eupatorium	C30	D6
Influenza (unbedingt den Arzt aufsuchen!)	Infektion	Lachesis	C30	C30
Inkontinenz - Urinverlust (Urin spritzt bei jedem Husten heraus)	Niere / Blase / Harnwege	Ferrum phos.	C30	D12
Insektenstiche	Wunde / Verletzungen	Ledum	C30	C30
Insektenstiche - Insektenstichallergie	Haut	Apis mellifica	D6/C30	C6
Intercostalneuralgie	Schmerzen	Magnesium phos	C30	
Ischialgie	Nerven	Cocculus	D6	
Ischialgie	Nerven	Rhus tox.	D12/C30	D12
Ischias	Nerven / Schmerzen	Magnesium phos	C30	
Ischias / Lumbago	Nerven / Schmerzen	Ledum	C30	C30
Jucken und brennen der Augen	Augen / Entzündungen	Euphrasia	C30	C30
Jucken und Brennen des Anus	Haut / Schleimhaut	Sulfur	C6	C6

Symptom / Erkrankung	Mittel	Rubrik	Potenz	
Juckreiz	Hypericum	Haut / Schleimhaut	D6	D6
Juckreiz	Mercurius solub.	Haut / Schleimhaut	D12/C30	
Juckreiz	Phytolacca	Haut / Schleimhaut	D4/C30	
Juckreiz – Nesselfieber	Ignatia	Haut / Schleimhaut	C30	C30
Juckreiz (aller Körperteile, besonders der Augen)	Agnus castus	Haut / Schleimhaut	C30	
Juckreiz (Ausschlag masernartig)	Gelsemium	Haut / Schleimhaut	D6/C30	D6
Juckreiz (häufig Kopf); brennen der Haut;	Arsenicum	Haut	C30	C6
Juckreiz (heftig am ganzen Körper)	Rumex	Haut / Schleimhaut	D6	
Juckreiz (mit brennenden Hautausschlägen)	Staphisagria	Haut / Schleimhaut	C30	C30
Juckreiz (ständig)	Dulcamara	Haut / Schleimhaut	D6/C30	D6
Juckreiz (unerträglich mit Nesselausschlag)	Apis mellifica	Haut / Schleimhaut	D6/C30	C6
Juckreiz mit Ekzem (pustulös, juckend)	Rhus tox.	Haut / Schleimhaut	D12/C30	D12
Juckreiz, nächtlicher-, (Ausschlag)	Iris	Haut / Schleimhaut	D6	
Kaffeefolgen (Sodbrennen)	Nux vomica	Geist / Gemüt / Befinden	D6	D6
kalt, träge, adipös (fettsüchtig), schwach, matt	Carbo veg	Konstitution	C30	D12
Kältegefühl innerlich und äußerlich	Veratrum album	Geist / Gemüt / Befinden	D6/C30	D6
Karbunkel	Hepar sulf.	Entzündungen / Haut	D12	D12
Karbunkel	Lachesis	Entzündungen / Haut	C30	C30
Karies	Silicea	Mund / Zähne	C6/C30	C10
Katerstimmung	Nux vomica	Geist / Gemüt / Befinden	D6	D6
Kehlkopfentzündung (akut u. chron.)	Drosera	Atemwege	C30	
Kehlkopfentzündung (akut u. chron.) Laryngitis	Luffa	Atemwege	D6	
Kehlkopf-Luftröhrenentzündung (Laryngotracheitis)	Rumex	Hals / Atemwege	D6	
Keuchhusten	Bryonia	Atemwege	D6/C30	C6
Keuchhusten	Drosera	Atemwege	C30	
Keuchhusten	Ipecacuanha	Atemwege	C30	

Symptom / Erkrankung	Rubrik	Mittel	Potenz
Keuchhusten	Atemwege	Magnesium phos	C30
Keuchhusten (besonders am Anfang)	Atemwege	Carbo veg	C30 / D12
Keuchhusten (mit Nasenbluten)	Atemwege	Mercurius solub.	C30
Kieferkrampf	Krämpfe / Spannungen	Cuprum metall	C30
Kindbettinfektion (sept.)	Schwangerschaft / Entbind.	Pyrogenium	C30
Kindbettkrämpfe	Schwangerschaft / Entbind.	Cantharis	D6/C30 / C6
Kleiderdruck ist unerträglich (besonders am Hals u. Taille)	Geist / Gemüt / Befinden	Lachesis	C30 / C30
klimakt. Beschwerden (Depression, Wallungen, Migräne etc)	Frauenmittel	Sepia	C30
klimakterische Beschwerden	Frauenmittel	Cimicifuga	C30
klimakterische Beschwerden	Frauenmittel	Cocculus	C30
klimakterische Beschwerden	Frauenmittel	Pulsatilla	C30 / D6
Klingeln, Dröhnen, Summen in den Ohren mit Taubheit	Ohren	Iris	D6
Knacken der Halswirbel beim Kopfbewegen	Befinden	Cocculus	D6/C30
Knacken der Knie bei Bewegung	Befinden	Cocculus	D6/C30
Knochenerkrankungen	Knochen / Schmerzen	Silicea	C6/C30 / C10
Knochenhautentzündung	Knochen / Schmerzen	Mercurius solub.	C30
Kolikartige Schmerzen an allen Hohlorganen - Blähungen extrem	Schmerzen	Magnesium phos	C30
Kollaps	Herz / Kreislauf	Arsenicum	C30 / C6
Kollapsneigung	Herz / Kreislauf	Carbo veg	C30 / D12
Kollapsneigung	Herz / Kreislauf	Cuprum metall	C30
Kollapsneigung - Kreislaufschwäche	Herz / Kreislauf	Veratrum album	D6 / D6
Kollapszustände	Herz / Kreislauf	Lachesis	C30 / C30
Konvulsionen (Schüttelkrämpfe) beginnend in Finger und Zehen - in der Gesichtsmuskulatur (bläul. Gesicht)	Krämpfe / Spannungen	Cuprum metall	C30
Konzentrationsfähigkeit, mangelnde-,	Geist / Gemüt / Befinden	Phosphorus	C30 / C30
Kopfschmerz	Kopf / Schmerzen	Luffa	D6

95

Symptom / Erkrankung	Rubrik	Mittel	Potenz	
Kopfschmerz (beim Aufwachen)	Kopf / Schmerzen	Lachesis	C30	C30
Kopfschmerz (katarrhalischer)	Kopf / Schmerzen	Euphrasia	C30	C30
Kopfschmerz (Stirn, rechte Schläfe - mit Übelkeit)	Kopf / Schmerzen	Iris	D6	
Kopfschmerzen	Kopf / Schmerzen	Phosphorus	C30	C30
Kopfschmerzen	Schmerzen	Belladonna	D6	C6
Kopfschmerzen	Kopf / Schmerzen	Cocculus	D6/C30	
Kopfschmerzen - stechend von innen nach außen - Übelkeit, Erbrechen	Kopf / Schmerzen	Sepia	C12/C30	
Kopfschmerzen (besser durch bücken)	Kopf / Schmerzen	Ignatia	C30	C30
Kopfschmerzen (dumpf, drückend, berstend, Stirn und Schläfen)	Kopf / Schmerzen	Bryonia	D6/C30	C6
Kopfschmerzen (durch Fahren im kalten Wind, beginnt mit Gähnen)	Kopf / Schmerzen	Kalium carb.	C6/C30	
Kopfschmerzen (durch geistige Überanstrengung)	Kopf / Schmerzen	Coffea	D6	C6
Kopfschmerzen (Hinterkopf) im Sonnenschein	Kopf / Schmerzen	Nux vomica	D6/C30	D6
Kopfschmerzen (klopfend, pulsierend, Druck wie von einer Bleikappe um d. Schädel; Hinterkopfschmerz n. d. Hinlegen mit Schweregefühl)	Kopf / Schmerzen	Eupatorium	D6/C30	D6
Kopfschmerzen (migräneartig)	Kopf / Schmerzen	Pulsatilla	D6	D6
Kopfschmerzen (neuralgisch)	Kopf / Schmerzen	Colocyntis	D6	C6
Kopfschmerzen (starke)	Kopf / Schmerzen	Cimicifuga	D6/C30	
Körpergeruch	Sinne	Sulfur	C6	C6
Körperöffnungen (rot)	Aussehen	Sulfur	C6	C6
Kräfteverfall, rapider-,	Befinden	Veratrum album	D6	D6
Krampadern	Gefäße	Pulsatilla	C30	D6
Krampfadern (Varizen)	Gefäße	Arnica	D6/C30	D6
Krampfadern (Varizen)	Gefäße	Carbo veg	C30	D12
Krämpfe (der willkürlichen und unwillkürlichen Muskulatur, besonders Streckkrämpfe, in den Beinen beim Gehen;)	Krämpfe / Spannungen	Secale	C6/C30	
Krämpfe (Bauch, plötzlich und kolikartig)	Krämpfe / Spannungen	Viburnum opulus	C30	

Symptom / Erkrankung	Rubrik	Mittel	Potenz	
Krämpfe (der Skelett- und glatten Muskulatur)	Krämpfe / Spannungen	Ignatia	C30	C30
Krämpfe (in jedem Organsystem - besonders in den Handtellern)	Krämpfe / Spannungen	Cuprum metall	C30	
Krämpfe der Gebärmutter (Uterus)	Frauenmittel	Caulophyllum	D4/C6	
Krämpfe in den Extremitäten	Krämpfe / Spannungen	Veratrum album	D6/C30	D6
Krämpfe in der Kehle	Krämpfe / Spannungen	Belladonna	D6	C6
Krampfmittel (beim Schreiben, o. Spielen v. Musikinstrumenten)	Krämpfe / Spannungen	Magnesium phos	C30	
Krampfwehen	Schwangerschaft / Entbind.	Cimicifuga	C6/C30	
Krankheitsauslöser: Sorge um die Gesundheit einer geliebten Person	Ursache	Cocculus	D6/C30	
Krankheitsauslöser: Tabak, Alkohol, Kaffee	Ursache	Coffea	D6	C6
Krankheitsbeginn (plötzl. Wechsel von Wärme u. Kälte; Sitzen auf kaltem Boden; auf heißen Tag folgt kalter Abend)	Ursache	Dulcamara	D6	D6
Kreislaufkollaps	Herz / Kreislauf	Nux vomica	D6/C6	D6
Kreislaufschwäche mit Kollapsneigung	Herz / Kreislauf	Veratrum album	D6	D6
Kreislaufstörungen	Herz / Kreislauf	Secale	C6/C30	
Kropf (Schilddrüse)	Drüsen / Stoffwechsel	Iris	D6	
Kummer	Psyche	Natrium mur	C30	C30
Kummer (still,nach vorausgegangener Enttäuschung,Liebeskummer)	Psyche	Ignatia	C30	C30
Kummerarznei (Beschwerden ausgelöst durch Kummer)	Psyche	Ignatia	C30	C30
lachen, geneigt, über alles zu-;	Psyche	Hyoscyamus	D6	
Lähmung, Augenlid,	Augen / Entzündungen	Gelsemium	C30	D6
Lähmung, motorische (verschiedene Grade u. Muskelgruppen)	Muskel	Gelsemium	C30	D6
Lampenfieber (Prüfungsangst) mit Zittern	Psyche	Gelsemium	D6/C30	D6
Laryngitis (Kehlkopfentzündung) akut und chron.	Hals / Atemwege	Aconitum	D6	C6
Laryngitis (Kehlkopfentzündung) akut und chron.	Hals / Atemwege	Belladonna	D6/C30	C6
Laryngitis (Kehlkopfentzündung) akut und chron.	Hals / Atemwege	Drosera	C30	

Symptom / Erkrankung	Rubrik	Mittel	Potenz	
Laryngitis (Kehlkopfentzündung) akut und chron.	Hals / Atemwege	Phosphorus	C30	C30
Laryngotracheitis (Kehlkopf-Luftröhrenentzündung)	Hals / Atemwege	Rumex	D6	
Lebensmittelunverträglichkeit	Magen / Darm	Okoubaka	D3	
Lebererkrankung	Leber / Galle	Pulsatilla	D6/C30	D6
Leberflecken und Warzen	Haut / Schleimhaut	Phytolacca	D4/C30	
Leberschwellung, Lebergebiet schmerzhaft	Leber / Galle	Eupatorium	C30	D6
Leeregefühl im Magen (nicht erleichtert durch essen)	Magen / Darm	Sepia	C12	
Leeregefühl im Magen (um 11 Uhr)	Magen / Darm	Sulfur	C6	C6
Libido, starke-,	Sex	Staphisagria	C30	C30
Licht-, Geräusch-, Geruchsempfindlichkeit	Sinne	Nux vomica	D6/C30	D6
Lidkrampf	Augen / Entzündungen	Euphrasia	C30	C30
Lidrandentzündung (dicke, gelbe, reichlich, milde Absonderung)	Augen	Pulsatilla	D6/C30	D6
liegen (kann nicht auf der rechten Seite liegen)	Geist / Gemüt / Befinden	Mercurius solub.	D12/C30	
Lippen (rissig - trocken)	Mund / Zähne	Bryonia	D6/C30	C6
Lochialstau (Wochenfluß - Stau)	Schwangerschaft / Entbind.	Aristolochia	D12	
Luftkrankheit (Vorbeugung)	Konstitution	Belladonna	D6	C6
Lumbago	Nerven / Knochen	Rhus tox.	D12/C30	D12
Lumbago / Ischias	Nerven / Schmerzen	Ledum	C30	C30
Lungenentzündung - Pneumonie (Auswurf v. reinem Blut)	Atemwege	Ferrum phos.	D12/C30	D12
Lungenentzündung - Pneumonie (Auswurf dickes, gelbes Sekret)	Atemwege	Hepar sulf.	D12/C30	D12
Lungenentzündung (mit stechenden Schmerzen)	Atemwege	Bryonia	D6	C6
Lymphdrüsen (komplett befallen)	Drüsen / Stoffwechsel	Mercurius solub.	D12	
Lymphdrüsen (vergrößert)	Drüsen / Stoffwechsel	Rumex	D6	
Lymphknotenschwellungen (Hals) - Tonsillitis	Erkältungskrankheiten	Belladonna	D6	C6
Magen (schmerzen, berührungsempfindlich, Druck n.d.E. wie v.Stein)	Magen / Darm	Bryonia	D6/C30	C6
Magen, im-, (Leeregefühl)(nicht erleichtert durch essen)	Magen / Darm	Sepia	C12	

Symptom / Erkrankung	Rubrik	Mittel	Potenz	
Magen-Darm-Beschwerden (häufig)	Magen / Darm	Nux vomica	D6/C30	D6
Magen-Darm-Beschwerden (nach Genuß verdorbener Speisen)	Magen / Darm	Okoubaka	D3	
Magen-Darm-Katarrhe in den Tropen	Magen / Darm	Okoubaka	D3	
Magen-Darm-Koliken (heftig)	Magen / Darm	Cuprum metall	C30	
Magen-Darmstörung	Magen / Darm	Tartarus	C30	
Magengebiet sehr druckempfindlich	Magen / Darm	Nux vomica	D6/C30	D6
Magengeschwür (Ulcus ventriculi et duodeni)	Magen / Darm	Phosphorus	C30	C30
Magenkrämpfe	Magen / Darm	Carbo veg	C30	D12
Magenkrämpfe (heftig, anfallsweise)	Magen / Darm	Secale	C6/C30	
Magenschleimhautentzündung	Magen / Darm	Pulsatilla	D6/C30	D6
Magenschmerzen - Sodbrennen	Magen / Darm	Nux vomica	D6/C30	D6
Magenschmerzen (als Folge von Erregung)	Magen / Darm	Colocyntis	D6	C6
Magenschmerzen (besser durch essen)	Magen / Darm	Ignatia	C30	C30
Magenschmerzen (wie von einem Stein)	Magen / Darm	Chamomilla	D6/C30	C6
Magenstörungen bei Schwangerschaft	Schwangerschaft / Entbind.	Cantharis	C30	C6
Malaria (unbedingt den Arzt aufsuchen!)	Infektion	Arsenicum	C30	C6
Malaria (unbedingt den Arzt aufsuchen!)	Infektion	Eupatorium	C30	D6
Malariaprophylaxe	Infektion	Natrium mur	C30	C30
Mandelentzündung	Hals / Atemwege	Lachesis	C30	C30
Mandelentzündung (Angina tonsillaris - eitrig)	Atemwege	Hepar sulf.	D12	D12
Mandelentzündung (Angina tonsillaris - Tonsillitis)	Hals / Atemwege	Ignatia	C30	C30
Mandeln (geschwollen und verhärtet) entzündet	Hals / Atemwege	Phytolacca	D4/C30	
Mangel an moralischer u. physischer Entschlossenheit	Psyche	Silicea	C30	C10
Manie (affektive Psychose)	Psyche	Veratrum album	C30	D6
Manie einer streitsüchtigen und obszönen Art	Psyche	Hyoscyamus	D6	
Masern	Infektion	Gelsemium	C30	D6

Symptom / Erkrankung	Rubrik	Mittel	Potenz	
Masern (unbedingt den Arzt aufsuchen!)	Infektion	Aconitum	D5	C5
Masern (unbedingt den Arzt aufsuchen!)	Infektion	Belladonna	D6/C30	C6
Mastitis (Brustdrüsenentzündung)	Drüsen / Stoffwechsel	Phytolacca	C6/C30	
Mattigkeit	Befinden	Gelsemium	C6	D6
Melancholie	Psyche	Hypericum	D6	D6
Melancholie	Psyche	Pulsatilla	C30	D6
Menorrhagie (verlängerte Menstruation)	Frauenmittel	Cimicifuga	D6/C30	
Menorrhagie (verlängerte Menstruation)	Frauenmittel	Cocculus	D6/C30	
Menorrhagie (verlängerte Menstruation)	Frauenmittel	Secale	C6/C30	
Menses (ändert sich ständig in Rhythmus u. Stärke)	Frauenmittel	Pulsatilla	D6/C30	D6
Menses schmerzhaft, zu spät, zu kurz	Frauenmittel	Euphrasia	C30	C30
Menses zu reichlich und zu früh	Frauenmittel	Ipecacuanha	C30	
Menstrualkolik	Frauenmittel	Magnesium phos	C30	
Menstruation (schmerzhaft)	Frauenmittel	Lachesis	C30	C30
Menstruation (verlängert, o. Ausbleiben, o. schmerzhaft)	Frauenmittel	Cimicifuga	D6/C30	
menstruelle Beschwerden (starke Unterleibs- u. Beckenschmerzen)	Frauenmittel	Bryonia	C30	C6
Metrorrhagie (Blutung länger als 7 Tg. Außerhalb der Menses)	Frauenmittel	Phosphorus	C30	C30
Metrorrhagie **(Blutung länger als 7 Tg. Außerhalb der Menses)**	Frauenmittel	Phytolacca	C30	
Metrorrhagie (Blutung länger als 7 Tg. Außerhalb der Menses)	Frauenmittel	Secale	C6/C30	
Michsekretion, ungenügende-, (Hypogalaktie)	Schwangerschaft / Entbind.	Phytolacca	D2/C6	
Migräne	Kopf / Schmerzen	Cimicifuga	D6/C30	
Migräne	Kopf / Schmerzen	Cocculus	D6/C30	
Migräne	Kopf / Schmerzen	Gelsemium	D6/C30	D6
Migräne	Kopf / Schmerzen	Ipecacuanha	D6/C30	
Migräne	Kopf / Schmerzen	Veratrum album	D6/C30	D6
Migräne	Kopf / Schmerzen	Nux vomica	D6/C30	D6

Symptom / Erkrankung	Rubrik	Mittel	Potenz	
Migräne - stechend von innen nach außen - Übelkeit, Erbrechen	Kopf / Schmerzen	Sepia	C12/C30	
Migräne (als ob ein Nagel in den Kopf getrieben würde)	Kopf / Schmerzen	Coffea	D6	C6
Migräne (mit Kälte und Zittern)	Kopf / Schmerzen	Argentum nitr	D12	
Migräne (mit saurem Erbrechen)	Kopf / Schmerzen	Iris	D6	
migräneartige Kopfschmerzen	Kopf / Schmerzen	Pulsatilla	D6/C30	D6
Milch ist unbekömmlich	Magen / Darm	Sulfur	C6	C6
Milch, Verlangen nach-,	Magen / Darm	Rhus tox.	D12/C30	D12
Milchsekretion zu viel (Hypergalaktie)	Schwangerschaft / Entbind.	Phytolacca	D2/C6	
Milchstau	Schwangerschaft / Entbind.	Phytolacca	C6/C30	
Mittelohrentzündung	Ohren	Pulsatilla	D6/C6	D6
Mittelohrentzündung (Otitis media)	Erkältungskrankheiten	Belladonna	D6	C6
Mittelohrentzündung (Otitis media)	Ohren	Apis mellifica	D6/C30	C6
Mittelohrvereiterung (Otitis media - eitrig)	Ohren	Hepar sulf.	D12	D12
Mittelohrvereiterung (Otitis media)	Ohren	Mercurius solub.	D12	
Morbus Alzheimer	Erkrankungen / Diagnosen	Alumina	C30	
Morbus Parkinson	Erkrankungen / Diagnosen	Agaricus	C30	
Morbus Parkinson	Erkrankungen / Diagnosen	Mercurius solub.	C30	
Müdigkeit (groß)	Befinden	Tartarus	C30	
Müdigkeit extrem (schlaff, Anämie, Schwindel, Ohnmacht)	Geist / Gemüt / Befinden	Aletris	C30	
Müdigkeit und Abgespanntheit besonders morgens n. d.Aufstehen	Befinden	Staphisagria	C30	C30
Müdigkeit und Trägheit	Geist / Gemüt / Befinden	Luffa	D6	
Multible Sklerose	Erkrankungen / Diagnosen	Agaricus	C30	
Mumps	Infektion	Phytolacca	C30	
Mumps (unbedingt den Arzt aufsuchen!)	Infektion	Belladonna	D6/C30	C6
Mumps (unbedingt den Arzt aufsuchen!)	Infektion	Pulsatilla	D6/C30	D6
Mund: Risse in Mundecken	Mund / Zähne	Eupatorium	D6	D6

Symptom / Erkrankung	Rubrik	Mittel	Potenz	
Mundfäule - Mundfeil - Stomatitis, Aphten	Mund / Zähne	Cantharis	C30	C6
Mundfäule - Mundfeil - Stomatitis, Aphten	Mund / Zähne	Caulophyllum	C30	
Mundfäule - Mundfeil - Stomatitis, Aphten	Mund / Zähne	Lachesis	C30	C30
Mundfäule - Mundfeil - Stomatitis, Aphten	Mund / Zähne	Mercurius solub.	D12/C30	
Mundgeruch (stinkend)	Sinne	Mercurius solub.	C30	
Mundgeruch, übler-,	Sinne	Mercurius solub.	C30	
Muskel (motorische Lähmung versch. Grade)	Muskel	Gelsemium	C30	D6
Muskelkater	Muskel / Schmerzen	Arnica	D6	D6
Muskelkrämpfe	Krämpfe / Spannungen	Phytolacca	D4	
Muskeln und Sehnen, Übersanstrengung von-,	Muskeln / Sehnen	Rhus tox.	D12	D12
Muskelschwäche	Muskel	Gelsemium	C6	D6
Muskelzuckungen	Nerven / Zuckungen	Cuprum metall	C30	
Mykose - Pilz	Haut / Schleimhaut	Borax	D4	
Mykose - Pilz	Haut / Schleimhaut	Natrium mur	C30	C30
Nabel- u. Blähungskoliken bei Säuglingen	Schmerzen	Magnesium phos	C30	
Nachtwandeln	Verhalten	Silicea	C30	C10
Nachwehen	Schwangerschaft / Entbind.	Cimicifuga	C6/C30	
Nachwehen	Schwangerschaft / Entbind.	Cuprum metall	C30	
Nachwehen (eines der besten Mittel)	Schwangerschaft / Entbind.	Kalium carb.	C6/C30	
Nagelbetteiterungen, Abszeße, Furunkel	Haare / Nägel	Silicea	C6	C10
Nakosefolgen	Geist / Gemüt / Befinden	Phosphorus	C30	C30
Nase (dicke , grünliche Absonderung)	Nase	Sepia	C12	
Nase (Schnupfen eitrig) Rhinitis - Sinusitis	Nase	Hepar sulf.	D12	D12
Nasenbluten	Nase	Drosera	C30	
Nasenbluten	Nase	Phosphorus	C30	C30
Nasenbluten - Niesanfälle	Nase	Lachesis	C30	C30

Symptom / Erkrankung	Rubrik	Mittel	Potenz	
Nasenbluten (bei rotem Gesicht)	Herz / Kreislauf	Belladonna	C30	C6
Nasenbluten (beim Bücken)	Nase	Rhus tox.	D12/C30	D12
Nasenbluten (sickerndes)	Nase	Secale	C6/C30	
Nasenbluten statt Menses	Nase	Phosphorus	C30	C30
Nasenbluten, häufig (wenn Menses kommen sollte)	Nase	Bryonia	C30	C6
Nasenblutungen (hellrotes Blut)	Nase	Ferrum phos.	D12	D12
Nasenöffnungen wund geschwürig	Nase	Mercurius solub.	D12/C30	
Nasenrachenentzündung (Rhinopharyngitis)	Atemwege	Rumex	D6	
Nasenspitze (rot, wund)	Nase	Rhus tox.	D12/C30	D12
Neid	Psyche	Lachesis	C30	C30
Nerven (Missempfindung - Taubheitsgefühl)	Nerven	Aconitum	C30	C6
Nerven (Missempfindung - Taubheitsgefühl)	Nerven	Secale	C6/C30	
Nervenlähmung	Nerven	Gelsemium	C30	D6
Nervenschmerzen	Nerven / Schmerzen	Coffea	D6	C6
Nervenschmerzen	Nerven / Schmerzen	Rhus tox.	D12	D12
Nervenverletzungen	Nerven	Hypericum	D6	D6
Nervenzusammenbruch (hysterisch)	Psyche	Ignatia	C30	C30
nervös - gehetzt - arbeitswütig - reizbar - ehrgeizig - jähzornig	Nerven / Psyche	Nux vomica	D6/C30	D6
nervöse Erregung, große- ; Ruhelosigkeit	Nerven / Psyche	Coffea	D6	C6
Nervus opticus (Atrophie,- Rückbildung)	Nerven	Phosphorus	C30	C30
Nesselfieber - Juckreiz	Haut / Schleimhaut	Ignatia	C30	C30
Nesselsucht	Haut / Schleimhaut	Mercurius solub.	C30	
Nesselsucht (scharlachartig)	Haut / Schleimhaut	Phytolacca	D4/C30	
Nesselsucht, (Gesicht, Genitalien, Händen u.s.w.)	Haut / Schleimhaut	Dulcamara	D6/C30	D6
Nesselsucht, chron. Und wiederkehrende	Entzündungen / Haut	Hepar sulf.	D12/C30	D12
Neuralgiemittel	Nerven / Schmerzen	Magnesium phos	C30	

Symptom / Erkrankung	Rubrik	Mittel	Potenz	Potenz
Neuralgien	Nerven	Rhus tox.	D12	D12
Neuralgien (im Rahmen von Verletzungen oder Operationen)	Nerven / Schmerzen	Hypericum	D6	D6
Neuralgien, Neuritiden akut	Schmerzen	Aconitum	D6	C6
Neuralgien, Neuritiden chronisch	Schmerzen	Aconitum	C30	C6
Nevenschädigung (mit stechenden,schießenden Schmerzen)	Wunde / Verletzungen	Hypericum	D6	D6
Nierenentzündungen / Nierenbeckenentzündung	Niere / Blase / Harnwege	Cantharis	D6	C6
Nierenkolik	Niere / Blase / Harnwege	Belladonna	D6	C6
Nierenkolik	Niere / Blase / Harnwege	Colocyntis	D6	C6
Nierenversagen, akut	Niere / Blase / Harnwege	Apis mellifica	D6/C30	C6
Niesanfälle - Nasenbluten	Nase	Lachesis	C30	C30
Nystagmus	Augen	Magnesium phos	C30	
Ödemneigung an den Augenlider	Ödeme / Augen	Kalium carb.	C6/C30	
Ohnmacht	Herz / Kreislauf	Veratrum album	D6	D6
Ohnmacht (als Folge von Blutverlust)	Herz / Kreislauf	Ipecacuanha	D6	
Ohnmachtszustände	Herz / Kreislauf	Carbo veg	C30	D12
Ohren (klingeln, dröhnen, summen mit Taubheit	Ohren	Iris	D6	
Ohren (Stiche in Ohren hineinziehend b Schlucken bes. li)	Ohren	Staphisagria	C30	C30
Ohrenschmerzen (bei Kindern)	Ohren	Pulsatilla	D6	D6
Ohrenschmerzen bei Kindern mit einseitiger Rötung (Wange, Ohr)	Ohren	Chamomilla	D6/C30	C6
Ohrenschmerzen mit Wundsein; stechend, Gefühl von Verstopfung;	Ohren	Chamomilla	D6/C30	C6
Ohrerkrankungen (Otitis media-Mittelohrentzündung eitrig)	Ohren	Hepar sulf.	D12	D12
Ohrerkrankungen (Tubenkatarrh, Otitis media-Mittelohrentzündung)	Ohren	Ferrum phos.	D12/C30	D12
Ohrgeräusche (klingeln)	Ohren	Chamomilla	D6/C30	C6
Ohrgeräusche (Tinnitus)	Ohren	Arnica	D6/C30	D6
Ohrgeräusche (zischen)	Ohren	Sulfur	C6	C6
Ohrspeicheldrüse (geschwollen und verhärtet)	Drüsen / Stoffwechsel	Phytolacca	D4/C30	

Symptom / Erkrankung	Rubrik	Mittel	Potenz	
Operationen (danach)	Wunde / Verletzungen	Arnica	D6/C30	D6
orthostatische Regulationsstörungen	Herz / Kreislauf	Veratrum album	D6	D6
Otitis media (Mittelohrentzündung)	Ohren	Aconitum	D5	C5
Otitis media (Mittelohrentzündung)	Ohren	Apis mellifica	D6/C30	C6
Otitis media (Mittelohrentzündung)	Ohren	Belladonna	D6	C6
Otitis media (Mittelohrentzündung)	Ohren	Mercurius solub.	D12	
Otitis media (Mittelohrentzündung)	Ohren	Pulsatilla	D6/C6	D6
Ovarialcysten	Frauenmittel	Phosphorus	C30	C30
Panikzustände; Todesahnung (sagt seine Todesstd.voraus)	Nerven / Psyche	Aconitum	D6	C6
Paodontose	Mund / Zähne	Mercurius solub.	D12/C30	
Paodontose	Mund / Zähne	Silicea	C6	C10
Parästhesien - Taubheitsgefühl - Missempfindung	Nerven	Aconitum	C30	C6
Parästhesien - Taubheitsgefühl - Missempfindung	Nerven	Secale	C6/C30	
Paresen - Nervenlähmung	Nerven	Gelsemium	C30	D6
Pfeifen und pulsieren in den Ohren mit Hörstörungen	Ohren	Hepar sulf.	D12/C30	D12
Pneumonie - Lungenentzündung (Auswurf dickes, gelbes Sekret)	Atemwege	Hepar sulf.	D12/C30	D12
Pneumonie - Lungenentzündung (Auswurf v. reinem Blut)	Atemwege	Ferrum phos.	D12/C30	D12
Polyarthritis	Rheuma	Phytolacca	D4/C30	
Prostatahypertrophie,	Männermittel	Staphisagria	C30	C30
Prostatitis	Männermittel	Euphrasia	C30	C30
Prüfungsangst (Lampenfieber) mit Zittern	Psyche	Gelsemium	D6/C30	D6
Pseudokrup	Atemwege	Hepar sulf.	D12/C30	D12
Psoriasis	Haut / Schleimhaut	Iris	D6	
Psoriasis	Haut / Schleimhaut	Sepia	C30	
Psoriasis	Haut / Schleimhaut	Sulfur	C6	C6
Puls (abnorm beschleunigt, unangemessen im Verhältnis zur Temp.)	Herz / Kreislauf	Pyrogenium	C30	

Symptom / Erkrankung	Rubrik	Mittel	Potenz	
Puls (kurz, rasch, weich)	Herz / Kreislauf	Ferrum phos.	C30	D12
Puls (schwach, langsam in Ruhe, stark beschleunigt in Bewegung, unterdrückbar)	Herz / Kreislauf	Gelsemium	D6/C30	D6
Quetschungen	Wunde / Verletzungen	Arnica	D6/C30	D6
Quetschungen	Wunde / Verletzungen	Ledum	D6	C30
Quetschungen (aufgeplatzt)	Wunde / Verletzungen	Hypericum	D6	D6
Rachenkatarrh, Pharangitis)	Atemwege	Luffa	D6	
Redelust - Redseeligkeit	Psyche	Lachesis	C30	C30
Reisekrankheit	Reisekrankheit	Cocculus	D6	
Reißen und Steifheit in Muskeln und Gelenken	Muskel / Knochen	Mercurius solub.	D12/C30	
reizbar (will nach Hause gehen; redet von Geschäften)	Psyche	Bryonia	C30	C6
Reizbarkeit	Psyche	Chamomilla	D6/C30	C6
Reizblase	Niere / Blase / Harnwege	Aristolochia	C30	
Reizblase (nach Geschlechtsverkehr)	Niere / Blase / Harnwege	Staphisagria	C30	C30
Reizhusten (Husten)	Atemwege	Chamomilla	D6	C6
Reizhusten (Husten)	Atemwege	Drosera	C30	
Rekonvaleszenz (Personen, die sich nie völlig von den Wirkungen einer vorangegangenen Krankheit erholt haben)	Rekonvaleszenz	Carbo veg	C30	D12
Rhematismus (beginnt in den Füßen geht nach oben, kreuzweise auftretend z.B. re.Schulter li. Hüfte)	Rheuma	Ledum	C30	C30
Rheuma (Muskel u. Gelenke)	Rheuma	Phytolacca	D4/C30	
Rheuma (Muskel u. Gelenke)	Rheuma	Rhus tox.	D12	D12
Rheuma (Muskel u. Gelenke)	Rheuma	Sulfur	C6	C6
Rheuma der kleinen Gelenke	Rheuma	Caulophyllum	C30	
Rheumatische Beschwerden	Rheuma	Kalium carb.	C6/C30	
rheumatische Beschwerden (bei feuchter Kälte)	Rheuma	Dulcamara	D6/C30	D6
Rheumatische Beschwerden (Muskelrheuma)	Rheuma	Nux vomica	D6/C30	D6

Symptom / Erkrankung	Rubrik	Mittel	Potenz	
Rheumatismus (entzündlicher)	Rheuma	Apis mellifica	D6/C30	C6
Rheumatismus (Muskel und Gelenke)	Rheuma	Arnica	C30	D6
Rhinitis	Atemwege	Phosphorus	C30	C30
Rhinitis allergisch - Pollinosis	Atemwege	Euphrasia	C30	C30
Rhinitis allergisch - Pollinosis	Atemwege	Silicea	C6	C10
Rhinopharyngitis (Nasenrachenenentzündung)	Atemwege	Rumex	D6	
Risse in den Mundecken	Mund / Zähne	Eupatorium	D6	D6
Risse tiefe-, (an Händen und Füßen)	Entzündungen / Haut	Hepar sulf.	D12/C30	D12
Rückenschmerzen	Schmerzen	Nux vomica	D6/C30	D6
Ruhelosigkeit	Nerven / Psyche	Aconitum	C30	C6
Ruhelosigkeit - Bewegungsdrang	Psyche	Cimicifuga	D6/C30	
Ruhelosigkeit - Bewegungsdrang	Verhalten	Agaricus	C30	
Ruhelosigkeit - große, nervöse Erregung	Nerven / Psyche	Coffea	D6	C6
Scharlach	Infektion	Gelsemium	C30	D6
Scharlach	Infektion	Lachesis	C30	C30
Scharlach (unbedingt den Arzt aufsuchen!)	Infektion	Apis mellifica	D6/C30	
Scharlach (unbedingt den Arzt aufsuchen!)	Infektion	Belladonna	D6/C30	C6
Scharlach (unbedingt den Arzt aufsuchen!)	Infektion	Lachesis	C30	C30
Scharlach, Taubheit nach-,	Infektion	Hepar sulf.	C30	D12
Scheidenkrampf	Krämpfe / Spannungen	Magnesium phos	C30	
Scheidensekret (Fluor albus)	Frauenmittel	Pulsatilla	D6/C30	D6
Scheidensekret (Fluor albus)(bräunlich, übelriechend)	Frauenmittel	Secale	C6/C30	
Schiddrüse (Kropf - Vergrößerung)	Drüsen / Stoffwechsel	Iris	D6	
Schlaf (Katzenschlaf)	Schlaf	Sulfur	C6	C6
Schlaf (leicht, schnell zu stören)	Schlaf	Sulfur	C6	C6
Schlaf (unruhig, erwacht gegen 4 Uhr u. morgens unausgeschlafen)	Schlaf	Nux vomica	D6/C30	D6

Symptom / Erkrankung	Rubrik	Mittel	Potenz
Schlaf: unruhig, fährt hoch beim Augenschließen bzw. während d. Schlafes, schreit auf;	Nerven / Psyche	Belladonna	D6/C30 C6
schlaflos durch Verdauungsbeschwerden	Schlaf	Magnesium phos	C30
Schlaflosigkeit	Schlaf	Cimicifuga	D6/C30
Schlaflosigkeit (infolge geistiger Aktivität-gestört d. Jucken im Anus)	Schlaf	Coffea	D6 C6
Schlaflosigkeit (infolge infolge Kummer, Sorgen)	Schlaf	Ignatia	C30 C30
schläfrig nach dem Essen	Geist / Gemüt / Befinden	Rhus tox.	D12/C30 D12
Schläfrigkeit	Befinden	Carbo veg	C30 D12
Schläfrigkeit	Befinden	Gelsemium	D6/C30 D6
Schlafstörungen	Schlaf	Zincum val.	C2 C2
Schleier vor den Augen	Augen	Iris	D6
Schleim im Hals kann weder hinauf-, noch hinutergebracht werden	Hals	Lachesis	C30 C30
Schleimbeutelentzündung - Bursitis	Bewegungsapparat	Bryonia	D6 C6
Schleimbeutelentzündung - Bursitis	Bewegungsapparat	Rhus tox.	D12 D12
Schleimbeutelentzündung - Bursitis	Bewegungsapparat	Thuja	C30
Schleimhautabsonderungen (Haut bleibt trocken)	Haut / Schleimhaut	Dulcamara	D6/C30 D6
Schleimhautblutungen, Neigung zu-,	Haut / Schleimhaut	Ledum	D6 C30
Schleimhäute (alle trocken - gelb, blaß, geschwollen)	Haut / Schleimhaut	Bryonia	C30 C6
Schleimhautentzündungen (akut u. chron.) mit Schwellung und Neigung zur Eiterung	Haut / Schleimhaut	Mercurius solub.	D12
Schluckauf	Magen / Darm	Eupatorium	D6 D6
Schluckauf	Magen / Darm	Zincum val	C2 C2
Schluckauf (Aufstoßen, leer, bitter)	Magen / Darm	Hyoscyamus	D6
Schluckauf (krampfartiger)	Krämpfe / Spannungen	Belladonna	D6 C6
Schluckbeschwerden bei Flüssigkeiten	Magen / Darm	Cantharis	D6/C30 C6
schlucken (schmerzt)	Magen / Darm	Phytolacca	D4/C30
Schluckschmerzen	Magen / Darm	Lachesis	C30 C30

Symptom / Erkrankung	Rubrik	Mittel	Potenz
Schmerz (bei Berührung)	Schmerzen	Ferrum phos.	D12/C30 D12
Schmerz (Hinterkopf,Schläfenschmerz in Ohr,Nase,Kinn ausstrahlend)	Schmerzen	Gelsemium	D6/C30 D6
Schmerz (quer durch das Becken v. Hüfte zu Hüfte)	Schmerzen	Cimicifuga	D6
Schmerz (schneidend - um den Nabel)	Schmerzen	Dulcamara	D6 D6
Schmerz und Erregung	Schmerzen	Cimicifuga	C6/C30
Schmerzen (Art: heftig, krampfartig, stechend, schießend, wie mit einem Messer, plötzl., blitz- o. anfallsartig, minuten- o. stundenlang)	Schmerzen	Magnesium phos	C30
Schmerzen (Augen,Hals,Muskel,Gelenke,beim Stillen,beim schlucken)	Schmerzen	Phytolacca	D4
Schmerzen (Bauch, Kreuz- u. Schambein, Rücken in die Lenden)	Schmerzen	Viburnum opulus	C30
Schmerzen (brennend, stechend)	Schmerzen	Apis mellifica	D6/C30 C6
Schmerzen (brennend, zwischen den Schulterblättern)	Schmerzen	Phosphorus	C30 C30
Schmerzen (Gelenke - Klimakterisch)	Schmerzen	Aristolochia	C30
Schmerzen (Hals, Magen, Anus,Darm, Ischias, li. Hüftgelenk bis Knie)	Schmerzen	Iris	D6
Schmerzen (heftig und schneidend) pulsierend	Schmerzen	Kalium carb.	C6/C30
Schmerzen (im Kreuz, Schultern u. Armen wie Prellung)	Schmerzen	Cocculus	D6
Schmerzen (im Leistenring)	Schmerzen	Cocculus	D6
Schmerzen (kolik-, krampfartig d.Hohlorgane, Bauchkrümmen)	Schmerzen	Colocyntis	D6 C6
Schmerzen (Lebergebiet)	Schmerzen	Eupatorium	C30 D6
Schmerzen (Lebergebiet, Rücken- und Kreuzschmerzen)	Magen / Darm	Sepia	C12
Schmerzen (Magen - berührungsempfindlich)	Schmerzen	Bryonia	D6/C30 C6
Schmerzen (Magen - wie von einem Stein)	Schmerzen	Chamomilla	D6/C30 C6
Schmerzen (Muskel-, krampfartige, nervöse)	Schmerzen	Cimicifuga	D6
Schmerzen (Muskeln, Gelenke, Nerven)	Schmerzen	Rhus tox.	D12 D12
Schmerzen (Nerven, Trigeminus) - treiben zur Verzweiflung	Schmerzen	Coffea	D6 C6
Schmerzen (Nervenschädigung, Steißbeinverletzung)	Schmerzen	Hypericum	D6 D6

Symptom / Erkrankung	Rubrik	Mittel	Potenz	
Schmerzen (neuralgisch) die plötzlich kommen und gehen	Schmerzen	Belladonna	D6	C6
Schmerzen (Ohren) mit Wundsein; stechend, Gefühl v.Verstopfung;	Ohren / Schmerzen	Chamomilla	D6/C30	C6
Schmerzen (Ort: Magen, Darm, Uterus, Zahn, Ovarien, Ischias)	Schmerzen	Magnesium phos	C30	
Schmerzen (plötzlich u. scheinbar unerträglich)	Schmerzen	Chamomilla	D6/C30	C6
Schmerzen (Rücken - Wirbelsäule)	Schmerzen	Cimicifuga	C30	
Schmerzen (schießen in die Gelenke)	Schmerzen	Ledum	D6	C30
Schmerzen (schlucken, Zähne, Nerven)	Schmerzen	Lachesis	C30	C30
Schmerzen (Splitterschmerz im Hals)	Hals / Schmerzen	Argentum nitr	D12	
Schmerzen (Splitterschmerz in den entzündeten Teilen)	Schmerzen	Hepar sulf.	D12/C30	D12
Schmerzen (stechend in der Brust)	Schmerzen	Drosera	C30	
Schmerzen (stechend)	Schmerzen	Bryonia	D6/C30	C6
Schmerzen (Zahn- und Kiefer - Stiche)	Schmerzen	Chamomilla	D6/C30	C6
Schmerzen (ziehend, schließend, krampfartig) akut	Schmerzen	Aconitum	D6	C6
Schmerzen (ziehend, schließend, krampfartig) chronisch	Schmerzen	Aconitum	C30	C6
Schmerzen beim Wasserlassen im ganzen Bauch	Schmerzen	Colocyntis	D6	C6
Schmerzen beim Wasserlassen und Brennen	Niere / Blase / Harnwege	Cantharis	D6	C6
Schmerzen der kleinen Gelenke	Schmerzen	Caulophyllum	C30	
Schmerzen im Oberbauch	Schmerzen	Belladonna	D6/C30	C6
Schmerzen, brennende	Schmerzen	Arsenicum	C30	C6
Schmerzen, Glieder-; Fieber, Zerschlagenheitsgefühl	Schmerzen	Eupatorium	D6/C30	D6
Schmerzen, krampfartige an allen Hohlorganen (plötzlich)	Schmerzen	Belladonna	D6	C6
schmerzen, Ovarial- (Eierstock), stechende (beim tiefen Einatmen), im re. Ovar wie beim Zerreißen;	Frauenmittel	Bryonia	C6/C30	C6
schmerzhafte Brust, heiß	Frauenmittel	Bryonia	C6/C30	C6
schmerzhafte Drüsen bei Menses;	Frauenmittel	Bryonia	C6/C30	C6
Schmierblutungen (wässrige)	Frauenmittel	Secale	C6/C30	

Symptom / Erkrankung	Rubrik	Mittel	Potenz
Schnupfen (allergischer und chronischer)	Nase	Luffa	D6
Schnupfen (empfindlich gegen alle Gerüche)	Nase	Chamomilla	D6/C30 C6
Schnupfen (Fließ-)	Atemwege	Allium cepa	D6
Schnupfen (Fließ-) starker; heftigem Husten u. massenhaft Auswurf	Nase	Euphrasia	C30
Schnupfen (trocken, verstopft bei kaltem Regen)	Nase	Dulcamara	D6 D6
Schreckfolgen	Nerven / Psyche	Aconitum	C3 C6
Schüttelfrost (zw. 7 und 9 Uhr)	Fieber	Eupatorium	D6/C30 D6
Schüttelfrost, leichtester-, (mit viel Hitze und Übelkeit)	Fieber	Ipecacuanha	D6
schwach, matt, träge, kalt, adipös (fettsüchtig),	Konstitution	Carbo veg	C30 D12
Schwäche	Befinden	Ferrum phos.	C30 D12
Schwäche	Befinden	Sepia	C30
Schwäche	Befinden	Veratrum album	D6/C30 D6
Schwäche - durch Flüssigkeitsverlust - große Nervosität	Befinden	Phosphorus	C30 C30
Schwäche (als Folge von Schlafmangel)	Geist / Gemüt / Befinden	Cocculus	D6
Schwäche (nach erschöpfenden Krankheiten)	Geist / Gemüt / Befinden	Phosphorus	C30 C30
Schwäche und Erschöpfung	Geist / Gemüt / Befinden	Sepia	C12
Schwäche Zittern, Zucken,Schwere, Wadenkrämpfe, **Brennen**	Befinden	Arsenicum	C30 C6
Schwäche, Benommenheit, Ermüfungsgefühl, Muskelschwäche	Befinden	Gelsemium	C30 D6
Schwäche, große-,	Befinden	Veratrum album	D6 D6
Schwäche, große; und Zittern am ganzen Körper	Geist / Gemüt / Befinden	Cimicifuga	D6/C30
Schwäche, reizbare	Geist / Gemüt / Befinden	Arsenicum	C30 C6
Schwachsichtigkeit, hysterische	Augen / Entzündungen	Gelsemium	C30 D6
Schwangerschaftserbrechen	Schwangerschaft / Entbind.	Ipecacuanha	D6/C30
Schwangerschaftserbrechen metallischer Geschmack, Schluckauf	Schwangerschaft / Entbind.	Cocculus	D6
Schwangerschaftserbrechen sauer, blutig, gallig, Übelkeit, wenig Appetit	Schwangerschaft / Entbind.	Iris	D6
Schwangerschaftserbrechen Übelkeit morgens v.d.E., Erbrechen n.d.E.	Schwangerschaft / Entbind.	Sepia	C12

Symptom / Erkrankung	Rubrik	Mittel	Potenz	
Schweiß (heiß an den Händen und brennen)	Schweiß	Sulfur	C6	C6
Schweiß (heiß, verursacht keinen Temperaturabfall)	Schweiß	Pyrogenium	C30	
Schweiß (kalt - bei geringster Anstrengung)	Schweiß	Cocculus	D6/C30	
Schweiß (kalt, klebrig)	Schweiß	Tartarus	C30	
Schweiß (Kopf, übel riechend, geht bis zum Hals) stark, Füße, Hände u. unter den Achseln	Schweiß	Silicea	C6/C30	C10
Schweiß (nachts - nach Essen und Trinken)	Schweiß	Chamomilla	D6/C30	C6
Schweiß (sauer)	Schweiß	Nux vomica	D6/C30	D6
Schweiß (stark) kalt auf der Stirn	Schweiß	Veratrum album	D6/C30	D6
Schweiß (übelriechend, klebrig, gelblich - besonders nachts)	Schweiß	Mercurius solub.	D12/C30	
Schweiß (übelriechend.,)	Schweiß	Sepia	C12/C30	
Schweiß (übermäßig)	Schweiß	Hypericum	D6	D6
Schweiß und Rückenschmerzen (nach geringster Anstrengung)	Schweiß	Kalium carb.	C6/C30	
Schweiß, heißer	Haut	Belladonna	D6/C30	C6
Schweiß: kalt	Haut	Carbo veg	C30	D12
Schweiß; große Angst (vor dem Tod, u. alleingelassen zu werden)	Haut	Arsenicum	C30	C6
Schweißfüße (eiskalt) übelriechend	Schweiß	Silicea	C6	C10
Schwellung der Haut u.Bindehäute (zum Zerreißen gespannt)	Ödeme	Apis mellifica	D6/C30	C6
Schwellung des Tränenkanals	Augen	Silicea	C30	C10
Schwellung und Verhärtung von Drüsen	Drüsen / Stoffwechsel	Phytolacca	D4/C30	
Schwindel	Geist / Gemüt / Befinden	Lachesis	C30	C30
Schwindel	Geist / Gemüt / Befinden	Veratrum album	D6/C30	D6
Schwindel	Schwindel	Argentum nitr	D12	
Schwindel (als ob etwas herumrolle)	Geist / Gemüt / Befinden	Sepia	C12/C30	
Schwindel (alter Leute, nach dem Aufstehen)	Geist / Gemüt / Befinden	Phosphorus	C30	C30
Schwindel (bei jeder Bewegung mit großer Übelkeit)	Geist / Gemüt / Befinden	Cocculus	D6/C30	

Symptom / Erkrankung	Rubrik	Mittel	Potenz	Potenz
Schwindel (bei schnellen Kopfbewegungen)	Geist / Gemüt / Befinden	Bryonia	C30	C6
Schwindel (beim Aufstehen)	Geist / Gemüt / Befinden	Rhus tox.	D12/C30	D12
Schwindel (beim Drehen)	Geist / Gemüt / Befinden	Kalium carb.	C6/C30	
Schwindel (beim Gehen im Freien mit Neigung nach li. zu fallen)	Geist / Gemüt / Befinden	Drosera	C30	
Schwindel (beim Gehen mit Neigung zu einer Seite zu fallen)	Geist / Gemüt / Befinden	Ledum	D6/C30	C30
Schwindel (beim Liegen auf dem Rücken)	Geist / Gemüt / Befinden	Mercurius solub.	D12/C30	
Schwindel (Gefühl nach links zu fallen)	Geist / Gemüt / Befinden	Eupatorium	D6/C30	D6
Schwindel (glaubt nach vorne zu fallen)	Geist / Gemüt / Befinden	Viburnum opulus	C30	
Schwindel (von den Ohren her mit starken Geräuschen in d. Ohren)	Geist / Gemüt / Befinden	Iris	D6	
Schwindel v. Hinterkopf her, Benommenheit, Betäubung u.Zittern;	Geist / Gemüt / Befinden	Gelsemium	C6/C30	D6
Schwindel, Dreh-, (mit momentanem Bewußtseinsverlust)	Geist / Gemüt / Befinden	Nux vomica	C6	D6
sehen (grüner Ring um Kerzenlicht, Buchstaben erscheinen rot)	Augen	Phosphorus	C30	C30
Sehen (verschwommen)	Augen	Magnesium phos	C30	
Sehnenscheidenentzündung	Entzündungen	Rhus tox.	D12/C30	D12
Sehschwäche (nach Überanstrengung)	Augen	Phosphorus	C30	C30
Sehstörungen und Durchfall	Magen / Darm	Iris	D6	
Seitenstrangangina (Tonsillitis)	Hals / Atemwege	Belladonna	D6	C6
Seitenstrangangina (Tonsillitis)	Hals / Atemwege	Mercurius solub.		
Seitenstrangangina (Tonsillitis)	Hals / Atemwege	Phytolacca	D4/C30	
Seitenstrangangina (Tonsillitis) Fieber akutes plötzliches Einsetzen	Hals / Atemwege	Aconitum	D6	C6
Seitenstrangangina (Tonsillitis) Kloß- u Splittergefühl im Rachen,	Hals / Atemwege	Hepar sulf.	D12/C30	D12
Seitenstrangangina (Tonsillitis) Kloßgefühl kann nicht weggeschluckt werden	Hals / Atemwege	Ignatia	C30	C30
Sekrete (scharf, oft blutvermischt) später schleimig, eitrig	Sekrete	Mercurius solub.	D12	
Senkungsbeschwerden	Frauenmittel	Aletris	C30	
Senkungsbeschwerden der Beckenorgane Gefühl des nach unten Drängens, als ob alles durch die Scheide entweichen wolle.	Frauenmittel	Sepia	C12/C30	

Symptom / Erkrankung	Rubrik	Mittel	Potenz
septische Prozesse	Entzündungen	Arsenicum	C30 C6
septische Prozesse	Entzündungen	Lachesis	C30 C30
septische Prozesse	Entzündungen	Phosphorus	C30 C30
septische Prozeße	Entzündungen / Haut	Lachesis	C30 C30
Sexualtrieb (stark erhöht)	Sex	Phosphorus	C30 C30
Sinne (benebelt)	Geist / Gemüt / Befinden	Rhus tox.	C30 D12
Sinusitis,	Atemwege	Phosphorus	C30 C30
Sinusitis, allergische u. chron. Rhinitis	Nase	Luffa	D6
Sklerose, cerebral-,	Herz / Kreislauf	Hyoscyamus	D6
Sodbrennen	Magen / Darm	Carbo veg	C30 D12
Sodbrennen	Magen / Darm	Dulcamara	D6/C30 D6
Sodbrennen	Magen / Darm	Nux vomica	D6/C30 D6
Sodbrennen (Übersäuerung des Magens)	Magen / Darm	Sulfur	C6 C6
Sohlenkrämpfe - Wadenkrämpfe	Krämpfe / Spannungen	Cuprum metall	C30
Sommerdiarrhoe	Magen / Darm	Iris	D6
Sonnenstich (hochroter Kopf)	Erkrankungen / Diagnosen	Belladonna	C30 C6
Soor	Haut / Schleimhaut	Mercurius solub.	D12/C30
Spasmen (der willkürlichen und unwillkürlichen Muskulatur, besonders Streckkrämpfe, in den Beinen beim Gehen;)	Krämpfe / Spannungen	Secale	C6/C30
Spasmen (in jedem Organsystem)	Krämpfe / Spannungen	Cuprum metall	C30
spastische Verzerrung (im Gesicht)	Krämpfe / Spannungen	Secale	C6/C30
Speichel - zäh, seifig	Mund / Zähne	Dulcamara	D6/C30 D6
Speichel (dauernd reichlich)	Mund / Zähne	Ignatia	C30 C30
Speichelfluß	Mund / Zähne	Staphisagria	C30 C30
Speichelfluß (reichlich)	Mund / Zähne	Mercurius solub.	D12
Speichelfluß (reichlich)	Mund / Zähne	Veratrum album	D6/C30 D6

Symptom / Erkrankung	Rubrik	Mittel	Potenz	
Speichelfluß (stark)	Mund / Zähne	Ipecacuanha	D6/C30	
Speichelfluß (stark, fädig)	Mund / Zähne	Iris	D6	
Speiseröhrenkrampf (mit Globusgefühl)	Krämpfe / Spannungen	Ignatia	C30	C30
stehen (ist die unangenehmste Haltung)	Empfindung	Sulfur	C6	C6
Steifheit (aller Glieder)	Geist / Gemüt / Befinden	Rhus tox.	D12	D12
Steißbeinverletzungsschmerzen	Knochen	Hypericum	D6	D6
Stichverletzung	Wunde / Verletzungen	Hypericum	D6	D6
Stichverletzung (Messer, Nagel etc.), Insektenstiche	Wunde / Verletzungen	Ledum	C30	C30
Stillen, beim-, (Schmerzen)	Schwangerschaft / Entbind.	Phytolacca	D4/C6	
Stimmung (wechselhaft, launenhaft)	Psyche	Pulsatilla	C30	D6
Stimmung, übellaunig, verdrießlich	Nerven / Psyche	Borax	D4	
Stimmverlust	Hals / Atemwege	Kalium carb.	C6/C30	
Stoffwechselstörung (Schilddrüse, Bauchspeicheldrüse,)	Drüsen / Stoffwechsel	Iris	D6	
Stoffwechselverschlackung	Stoffwechsel	Carbo veg	C30	D12
Stomatis ulcerosa - Aphten - Mundfäule - Mundfeil	Mund / Zähne	Lachesis	C30	C30
Stomatis ulcerosa - Aphten - Mundfäule - Mundfeil	Mund / Zähne	Mercurius solub.	D12/C30	
Stomatitis (Aphten)(Mundfeil - Mundfäule)	Mund / Zähne	Cantharis	C30	C6
Stomatitis (Aphten)(Mundfeil - Mundfäule)	Mund / Zähne	Caulophyllum	C30	
streitsüchtige und obszöne Art,	Psyche	Hyoscyamus	D6	
Stuhl (Durchfall, schrecklich stinkend, braun-schwarz, unwillkürlich)	Magen / Darm	Pyrogenium	C30	
Stuhl (fett, stark stinkend, lang, hart, wie von einem Hund und Winde)	Magen / Darm	Phosphorus	C30	C30
Stuhl (geht nur mit Mühe ab) treten teilweise heraus u. schlüpfen zurück	Magen / Darm	Silicea	C6	C10
Stuhl (grün) wie gehackter Spinat	Magen / Darm	Argentum nitr	D12	
Stuhl (grünlich, blutig, schleimig)	Magen / Darm	Mercurius solub.	D12/C30	
Stuhl (sauer, weiß, unverdaut, stinkend)	Magen / Darm	Hepar sulf.	D12/C30	D12
Stuhl (schleimig-blutig)	Magen / Darm	Mercurius solub.	D12/C30	

Symptom / Erkrankung	Rubrik	Mittel	Potenz	
Stuhl (schleimig-grün-stinkend)	Magen / Darm	Chamomilla	D6/C30	C6
Stuhl (übelriechend)	Magen / Darm	Lachesis	C30	C30
Stuhl (unfreiwilliger Abgang) Durchfall	Magen / Darm	Hyoscyamus	D6	
Stuhl (wie schaumige Melasse)	Magen / Darm	Ipecacuanha	D6/C30	
Stuhl: häufig, erfolgloser Drang, o. Abgang v. nur kl. Mengen bei jedem Versuch, Gefühl als ob ein Teil zurückbliebe, Völliges Fehlen von Stuhldrang bedeutet Kontraindikation!	Magen / Darm	Nux vomica	D6/C30	D6
Stuhlgang (danach schmerzhafte Einschnürung des Anus)	Magen / Darm	Ignatia	C30	C30
Süßigkeiten Verlangen nach (die aber nicht vertragen werden	Ernährung	Argentum nitr	D12	
taub (gefühllos)	Ohren	Chamomilla	D6/C30	C6
Taub werden Arme und Hände	Nerven	Phosphorus	C30	C30
Taubheit (vorher sehr empfindliches Gehör)	Ohren	Sulfur	C6	C6
Taubheitsgefühl	Nerven	Secale	C6/C30	
Taubheitsgefühl (Hände und Füße)	Nerven	Cocculus	D6/C30	
Teilnahmslosigkeit (Apathie) die eigene Krankheit betreffend	Befinden	Gelsemium	D6/C30	D6
Tetanusprophylaxe	Infektion	Ledum	C30	C30
Thrombose	Herz / Kreislauf	Lachesis	C30	C30
Thromboseneigung	Herz / Kreislauf	Carbo veg	C30	D12
Tinnitus (Ohrgeräusche)	Ohren	Arnica	D6/C30	D6
Tinnitus (Ohrgeräusche) mit Taubheit	Ohren	Iris	D6	
Tinnitus (Ohrgeräusche) u. pulsieren mit Hörstörungen	Ohren	Hepar sulf.	D12/C30	D12
Tinnitus (zischen)	Ohren	Sulfur	C6	C6
Tobsuchtsanfälle	Psyche	Belladonna	D6/C30	C6
Todesfurcht	Geist / Gemüt / Befinden	Arsenicum	C30	C6
Todesfurcht unter der Geburt	Schwangerschaft / Entbind.	Aconitum	C30	C6
Tonsillen (geschwollen und verhärtet) entzündet	Hals / Atemwege	Phytolacca	D4/C30	
Tonsillitis (Seitenstrangangina)	Hals / Atemwege	Belladonna	D6	C6

Symptom / Erkrankung	Rubrik	Mittel	Potenz	Potenz
Tonsillitis (Seitenstrangangina)	Hals / Atemwege	Mercurius solub.		
Tonsillitis (Seitenstrangangina) Kloß- u Splittergefühl im Rachen,	Hals / Atemwege	Hepar sulf.	D12/C30	D12
Tonsillitis (Seitenstrangangina) Fieber akutes plötzliches Einsetzen	Hals / Atemwege	Aconitum	D6	C6
Tonsillitis (Seitenstrangangina) Kloßgefühl kann nicht weggeschluckt werden	Hals / Atemwege	Ignatia	C30	C30
träge, kalt, adipös (fettsüchtig), schwach, matt	Konstitution	Carbo veg	C30	D12
Tränenfluß (beißend - brennend)	Augen / Entzündungen	Euphrasia	C30	C30
Tränenkanal (Schwellung)	Augen	Silicea	C6	C10
Tremor der Extremitäten, insbesondere der Hände	Muskeln / Nerven	Mercurius solub.	C30	
Trigeminusneuralgie	Kopf / Schmerzen	Coffea	D6	C6
Trigeminusneuralgie	Nerven / Schmerzen	Iris	D6	
Trigeminusneuralgie	Schmerzen	Belladonna	D6	C6
Trigeminusneuralgie links	Nerven / Schmerzen	Lachesis	C30	C30
Trockenheit (Lippen, Mund, Zunge u. Hals) mit extremem Durst	Mund / Zähne	Bryonia	D6/C30	C6
Tubenkatarrh - Mittelohrentzündung	Ohren	Ferrum phos.	D12/C30	D12
Übelkeit - Erbrechen	Magen / Darm	Phosphorus	C30	C30
Übelkeit - Erbrechen - Völlegefühl (morgens n.d.E.)	Magen / Darm	Nux vomica	D6/C30	D6
Übelkeit (bereits beim Geruch von Speisen)	Magen / Darm	Cocculus	D6/C30	
Übelkeit (dauernd, Besserung durch Essen)	Magen / Darm	Viburnum opulus	C30	
Übelkeit (ständig mit Erbrechen ohne Erleichterung, selbst bei leerem Magen)	Magen / Darm	Ipecacuanha	D6	
Übelkeit (stark)	Magen / Darm	Cuprum metall	C30	
Übelkeit (und Schwäche beim Aufstehen)	Magen / Darm	Bryonia	D6/C30	C6
Übelkeit durch Autofahren	Reisekrankheit	Cocculus	D6	
Übelkeit, ständige-,	Magen / Darm	Tartarus	C30	
Übellaunigkeit, Unruhe und Kolik	Psyche	Chamomilla	D6/C30	C6
Überempfindlich gegen Schmerzen, Geräusch, Berührung	Geist / Gemüt / Befinden	Kalium carb.	C6/C30	

Symptom / Erkrankung	Rubrik	Mittel	Potenz	
Überempfindlichkeit (Licht, Geräusche, Geschmack, Berührung)	Empfindung	Chamomilla	D6/C30	C6
Überempfindlichkeit (Licht, Geräusche, Geschmack, Berührung)	Sinne	Belladonna	D6/C30	C6
Überempfindlichkeit (Vagina)	Sinne	Coffea	D6	C6
Übererregbarkeit	Nerven	Hyoscyamus	D6	
Ungeduld und schlechte Laune	Psyche	Chamomilla	D6/C30	C6
Unruhe	Nerven / Psyche	Arsenicum	C30	C6
Unruhe	Nerven / Psyche	Belladonna	D6/C30	C6
Unruhe extrem (mit dauernden Lageveränderung)	Geist / Gemüt / Befinden	Rhus tox.	C30	D12
Unverträglichkeit v. alkoholischen Stimulatien	Magen / Darm	Silicea	C30	C10
Urin (übelriechend,dickes,schleimiges, eitriges Sediment, Harnzwang)	Niere / Blase / Harnwege	Dulcamara	D6/C30	D6
Urin (unfreiwilliger Abgang)	Niere / Blase / Harnwege	Hyoscyamus	D6	
Urinverlust - Urinverlust (Urin spritzt bei jedem Husten heraus)	Niere / Blase / Harnwege	Ferrum phos.	C30	D12
Uterus- (Gebärmutterblutungen) klumpig, dunkeles Blut	Frauenmittel	Chamomilla	D6/C30	C6
Uterusspasmen (Gebärmutterkrämpfe) unter der Geburt	Schwangerschaft / Entbind.	Secale	C6/C30	
Varizen	Gefäße	Pulsatilla	C30	D6
Varizen (Krampfadern)	Gefäße	Arnica	D6/C30	D6
Varizen (Krampfadern)	Gefäße	Sepia	C12/C30	
Venenentzündungen	Gefäße	Arnica	D6	D6
Venenstau	Gefäße	Carbo veg	C30	D12
venöse Stase (Stauungen)	Gefäße	Pulsatilla	C30	D6
venöse Stase (Stauungen)	Gefäße	Sepia	C12/C30	
venöse Stase (Stauungen)	Gefäße	Sulfur	C6	C6
Verbrennungen	Haut	Aconitum	D6	C6
Verbrennungen	Haut	Arnica	D6	D6
Verbrennungen	Haut	Belladonna	D6/C30	C6
Verbrennungen mit Blasenbildung	Haut	Cantharis	D6	C6

Symptom / Erkrankung	Rubrik	Mittel	Potenz
Verdauungsstörungen (nervöse)	Magen / Darm	Cocculus	D6/C30
Vergiftung (Fleisch, Wurst, Fisch, Muscheln)	Magen / Darm	Arsenicum	C30 / C6
Vergiftung durch Medikamente	Magen / Darm	Nux vomica	C30 / D6
Vergiftung jeder Art	Magen / Darm	Okoubaka	D3
Vergiftungszustände (Sepsis)	Magen / Darm	Pyrogenium	C30
Verhalten (gleichgültig gegen sein Äußeres, oft schlampige Kleidung)	Konstitution	Sulfur	C6 / C6
Verhalten (sportliche Karrierefrau, erschöpfte Hausfrau)	Kostitution	Sepia	C30
Verhalten (überwiegend weibl. Konstitution, sanft, schüchtern, gefühlsbetont, empfindlich)	Geist / Gemüt / Befinden	Pulsatilla	C6 / D6
Verhalten (verlangen nach Reizmittel, nervös, gehetzt, arbeitswütig, reizbar, ehrgeizig, jähzornig, ungeduldig, mürrisch, nörgelnd)	Psyche	Nux vomica	D6/C30 / D6
Verhaltensstörungen (bei Kinder)	Psyche	Hyoscyamus	D6
Verhärtung und Schwellung von Drüsen	Drüsen / Stoffwechsel	Phytolacca	D4/C30
Verkalkung (Arteriosklerose)	Gefäße	Arnica	C30 / D6
Verlangen (nach kalten Getränken, die aber erbrochen werden)	Magen / Darm	Phosphorus	C30 / C30
Verlangen (nach Milch))	Magen / Darm	Rhus tox.	D12/C30 / D12
Verlangen nach Reizmitteln (Tabak)	Konstitution	Staphisagria	C30 / C30
Verlangen nach Saurem	Magen / Darm	Sepia	C12
Verlangen nach Süßigkeiten (groß)	Magen / Darm	Sulfur	C6 / C6
Verletzungen (frische, Quetschungen, Brand-, Stichwunde, Tierbisse)	Wunde / Verletzungen	Hypericum	D6 / D6
Verletzungen (immer zuerst Arnica)	Wunde / Verletzungen	Arnica	D6/C30 / D6
Verletzungen (Sehnen und Bänder)	Wunde / Verletzungen	Rhus tox.	D12/C30 / D12
Verletzungen (Stich- Messer, Nagel etc., Tierbisse) Insektenstiche	Wunde / Verletzungen	Ledum	C30
Verletzungen durch Schnitte (Messer)	Wunde / Verletzungen	Staphisagria	C30 / C30
Verrenkung	Wunde / Verletzungen	Rhus tox.	D12 / D12
Verrenkungen	Wunde / Verletzungen	Arnica	D6/C30 / D6

119

Symptom / Erkrankung	Rubrik	Mittel	Potenz	
Verstand - fürchtet zu verlieren	Psyche	Alumina	C30	
Verstauchung	Wunde / Verletzungen	Rhus tox.	D12	D12
Verstauchungen	Wunde / Verletzungen	Arnica	D6/C30	D6
Verstopfung	Magen / Darm	Kalium carb.	C6/C30	
Verstopfung	Magen / Darm	Veratrum album	D6/C30	D6
Verstopfung	Magen / Darm	Iris	**C30**	
Verstopfung	Magen / Darm	Sepia	C12	
Verstopfung (Darmerschlaffung)	Magen / Darm	Staphisagria	C30	C30
Verstopfung (spastisch)	Magen / Darm	Nux vomica	D6/C30	D6
Verstopfung (Stuhl hart und trocken, scheinen zu groß, braun, blutig)	Magen / Darm	Bryonia	D6/C30	C6
Verzweifelt	Psyche	Chamomilla	D6/C30	C6
Völlegefühl - Übelkeit - Erbrechen (morgens n.d.E.)	Magen / Darm	Nux vomica	D6/C30	D6
Vorstellungen, unsinnige-,	Psyche	Pyrogenium	C30	
Wadenkrämpfe - Sohlenkrämpfe	Krämpfe / Spannungen	Cuprum metall	C30	
Wahnvorstellungen, besonders bezügl. Der Religion	Psyche	Veratrum album	C30	D6
Warzen und Leberflecken	Haut / Schleimhaut	Phytolacca	D4/C30	
Warzen, weiche- (groß, glatt, im Gesicht, Handflächen)	Haut / Schleimhaut	Dulcamara	C30	D6
Wasserlassen tropfenweise	Niere / Blase / Harnwege	Cantharis	D6/C30	C6
Wasserlassen, klebrig, stinkend, kl. Menge, häufig Drang, jucken	Niere / Blase / Harnwege	Colocyntis	D6	C6
Wechseljahrbesch. (Depression, Wallungen, Migräne etc)	Frauenmittel	Sepia	C30	
Wechseljahrbeschwerden	Frauenmittel	Agnus castus	D6/C30	
Wechseljahrbeschwerden	Frauenmittel	Caulophyllum	C30	
Wechseljahrbeschwerden	Frauenmittel	Cimicifuga	C30	
Wechseljahrbeschwerden	Frauenmittel	Cocculus	C30	
Wechseljahrbeschwerden	Frauenmittel	Lachesis	C30	C30
Wechseljahrbeschwerden	Frauenmittel	Pulsatilla	C30	D6

120

Symptom / Erkrankung	Rubrik	Mittel	Potenz
Wehen (Schmerzen fehlen, Patientin ist erschöpft u. aufgeregt)	Schwangerschaft / Entbind.	Caulophyllum	C30
Wehen, sich hinziehende	Schwangerschaft / Entbind.	Cuprum acet	D4
Wehenschmerzen spastisch	Schwangerschaft / Entbind.	Chamomilla	D6/C30 C6
Wehenschmerzen, falsche-,	Schwangerschaft / Entbind.	Viburnum opulus	C30
Wehenschwäche	Schwangerschaft / Entbind.	Aristolochia	D12
Wehenschwäche	Schwangerschaft / Entbind.	Caulophyllum	D4
Wehenschwäche	Schwangerschaft / Entbind.	Pulsatilla	C6 D6
Weinen (unwillkürlich)	Geist / Gemüt / Befinden	Sepia	C30
Weinerlichkeit (bei Krankheit)	Psyche	Pulsatilla	C30 D6
Wetterfühligkeit (!Rhododendron)	Befinden	Rhus tox	C30 D12
Widersprüche große und paradoxe Symptomatik	Psyche	Ignatia	C30 C30
Windeldermatitis	Haut	Chamomilla	C30 C6
Windpocken (Varizellen)	Infektion	Tartarus	C30
Wunde (Wundheilmittel)	Wunde / Verletzungen	Arnica	D6/C30 D6
Wunde, kleinste-, (blutet wochenlang)	Wunde / Verletzungen	Secale	C6/C30
Wunden (eitrig, schlecht heilend)	Wunde / Verletzungen	Silicea	C6 C10
Wunden, stark blutend	Wunde / Verletzungen	Phosphorus	C30 C30
Wundheit (besonders um Vagina und Mund)	Wunde / Verletzungen	Ignatia	C30 C30
Wundrose (Erysipel) mit Bläschen,	Haut / Schleimhaut	Rhus tox.	D12/C30 D12
Würgereiz	Magen / Darm	Drosera	C30
Würgereiz	Magen / Darm	Tartarus	C30
Wutanfälle wütet, rast, beißt, schlägt	Psyche	Belladonna	D6/C30 C6
Wutausbrüche (gewaltsame)	Psyche	Staphisagria	C30 C30
Zahn- und Kieferschmerzen (Stiche)	Mund / Zähne	Chamomilla	D6/C30 C6
Zähneknirschen (Zunge geschwollen und schmerzhaft)	Nerven / Psyche	Belladonna	C30 C6
Zahnextraktionen	Wunde / Verletzungen	Arnica	D6/C30 D6

121

Symptom / Erkrankung	Rubrik	Mittel	Potenz
Zahnfleisch (empfindlich, leicht blutend)	Mund / Zähne	Argentum nitr	D12
Zahnfleisch (geschwollen, schwammig, blutend)	Mund / Zähne	Lachesis	C30 C30
Zahnfleischblutungen	Mund / Zähne	Phosphorus	C30 C30
Zahnfleischentzündungen	Mund / Zähne	Silicea	C6 C10
Zahnschmerz (strahlt zu den Ohren)	Mund / Zähne	Lachesis	C30 C30
Zahnschmerz (während der Menses)	Mund / Zähne	Staphisagria	C30 C30
Zahnschmerzen	Mund / Zähne	Magnesium phos	C30
Zahnschmerzen - pulsierender Schmerz	Mund / Zähne	Belladonna	D6 C6
Zahnungsbeschwerden	Mund / Zähne	Chamomilla	C30 C6
Zahnungsbeschwerden bei Säuglingen	Mund / Zähne	Magnesium phos	C30
Zeitsinn gestört	Geist / Gemüt / Befinden	Lachesis	C30 C30
Zellulitis	Haut / Gewebe	Rhus tox.	C30 D12
Zerrung	Wunde / Verletzungen	Rhus tox.	D12 D12
Zittern	Nerven	Veratrum album	D6/C30 D6
Zittern - Schwindel - Benommenheit - Betäubung	Geist / Gemüt / Befinden	Gelsemium	C6/C30 D6
Zittern (überall)	Muskeln / Nerven	Mercurius solub.	D12/C30
Zucken der Lider	Muskeln / Nerven	Cimicifuga	D6/C30
Zuckungen (der Muskeln im Gesicht und Lippen) (beim Einschlafen)	Muskel / Zuckungen	Ignatia	C30 C30
Zuckungen (tremor)	Muskel / Zuckungen	Hyoscyamus	D6
Zuckungen der Muskeln	Muskel / Zuckungen	Gelsemium	D6/C30 D6
Zuckungen und Konvulsionen	Nerven / Zuckungen	Cuprum metall	C30
Zuckungen und Konvulsionen und Schmerz	Muskeln / Zuckungen	Belladonna	D6 C6
Zuckungen und Verkrampfungen fast jeder Muskelgruppe	Muskel / Zuckungen	Agaricus	C30
Zuneigung (Kinder hängen sehr an der Mutter)	Psyche	Pulsatilla	C30 D6

Symptom / Erkrankung	Rubrik	Mittel	Potenz	
Zunge (Furche in Längsrichtung, Zahneindrücke, gelb, feucht)	Mund / Zähne	Mercurius solub.	D12/C30	
Zunge (Gefühl eines Haares)	Mund / Zähne	Silicea	C6	C10
Zunge (taub, dick, zitternd)	Mund / Zähne	Gelsemium	D6/C30	D6
Zunge (trocken, glatt wie poliert, rissig)	Mund / Zähne	Pyrogenium	C30	
Zunge (Zahnabdrücken, dick belegt)	Mund / Zähne	Mercurius solub.	C30	
Zwölffingerdarmgeschwür	Magen / Darm	Phosphorus	C30	C30
Zyanose der Fingernägel	Haare / Nägel	Nux vomica	D6/C30	D6

Nachtrag / Anmerkungen

Homöopathische Taschenapotheke
nach Rubrik geordnet

Rubrik	Symptom / Erkrankung	Mittel	Potenz	
Allergie	**Allergie - Insektenstichallergie**	Apis mellifica	D6/C30	C6
Allergie	**Allergische Rhinitis** (allerg. Schnupfen Pollinosis)	Euphrasia	C30	C30
Allergie	Heufieber	Hepar sulf.	D12/C30	D12
Allergie	**Allergische Rhinitis** (allerg. Schnupfen Pollinosis)	Silicea	C6	C10
Atemwege	**Bronchitis** (Kurzatmig - heiserer, trockener, kruppöser Husten)	Aconitum	D6	C6
Atemwege	Heiserkeit / Kehlkopf / Atembeklemmung	Allium cepa	D6	
Atemwege	**Schnupfen (Fließ-)**	Allium cepa	D6	
Atemwege	**Bronchitis** kitzelnder, kurzer trockener Husten - Verschlimmerung nachts	Belladonna	D6/C30	C6
Atemwege	**Atemwegserkrankungen** (mit trockenem, schmerzhaft. Krampfhusten)	Bryonia	D6/C30	C6
Atemwege	**Bronchitis (mit trockenem, schmerzhaft. Krampfhusten)**	Bryonia	D6/C30	C6
Atemwege	**Keuchhusten**	Bryonia	D6/C30	C6
Atemwege	Lungenentzündung (mit stechenden Schmerzen)	Bryonia	D6	C6
Atemwege	Atemnot (durch Blähungen oder Überessen)	Carbo veg	C30	D12
Atemwege	Bronchitis (Rasseln,Pfeifen,Husten mit Brennen u. jucken in der Kehle)	Carbo veg	C30	D12
Atemwege	**Heiserkeit; Laryngitis (Kehlkopfentzündung)**	Carbo veg	C30	D12
Atemwege	Husten, mit Brennen, Rasseln u. Pfeifen,u. jucken in der Kehle	Carbo veg	C30	D12
Atemwege	Keuchhusten (besonders am Anfang)	Carbo veg	C30	D12
Atemwege	**Bronchitis** (krampfartiger, trockener, kitzelnder Reizhusten)	Chamomilla	D6/C30	C6
Atemwege	Heiserkeit, räuspern,	Chamomilla	D6/C30	C6
Atemwege	Husten (Reizhusten)	Chamomilla	D6	C6
Atemwege	Reizhusten (Husten)	Chamomilla	D6	C6

Rubrik	Symptom / Erkrankung	Mittel	Potenz	
Atemwege	Asthma bronchiale	Cuprum metall	C30	
Atemwege	**Husten (Krampfhusten)**	Cuprum metall	C30	
Atemwege	Asthma bronchiale (beim Reden)	Drosera	C30	
Atemwege	**Bronchitis** (trockener, bellender, hohlklingender, krampfartiger, quälender Husten - wie Keuchhusten)	Drosera	C30	
Atemwege	Heiserkeit (chron.) Laryngitis; tiefe heisere Stimme;	Drosera	C30	
Atemwege	**Husten:** trockener, bellender, hohlklingender, krampfartiger, quälender Husten, Anfälle folgen rasch aufeinander, gelber Auswurf	Drosera	C30	
Atemwege	**Kehlkopfentzündung (akut u. chron.)**	Drosera	C30	
Atemwege	**Keuchhusten**	Drosera	C30	
Atemwege	Husten (Reizhusten)	Drosera	C30	
Atemwege	Reizhusten (Husten)	Drosera	C30	
Atemwege	Asthma bronchiale	Dulcamara	D6/C30	D6
Atemwege	Bronchitis	Dulcamara	D6/C30	D6
Atemwege	Heiserkeit	Eupatorium	D6/C30	D6
Atemwege	Husten (trocken und sehr schmerzhaft)	Eupatorium	D6/C30	D6
Atemwege	Husten heftig u. massenhaft Auswurf u. starker Fließschnupfen	Euphrasia	C30	C30
Atemwege	**Rhinitis allergisch - Pollinosis**	Euphrasia	C30	C30
Atemwege	**Bronchitis**	Ferrum phos.	C30	D12
Atemwege	Husten (kitzelnd, hart, trocken mit wunder Brust - nachts besser!)	Ferrum phos.	D12/C30	D12
Atemwege	Lungenentzündung - Pneumonie (Auswurf v. reinem Blut)	Ferrum phos.	D12/C30	D12
Atemwege	Pneumonie - Lungenentzündung (Auswurf v. reinem Blut)	Ferrum phos.	D12/C30	D12
Atemwege	**Angina tonsillaris (Mandelentzündung - eitrig)**	Hepar sulf.	D12	D12
Atemwege	Asthma bronchiale	Hepar sulf.	D12/C30	D12
Atemwege	Bronchitis (mit dickem, gelbem Sekret)	Hepar sulf.	D12	D12
Atemwege	Erstickungsanfall (Husten - Bronchitis)	Hepar sulf.	D12/C30	D12
Atemwege	**Halsentzündung (Angina, Kehlkopf, eitrig)** Laryngitis / Tonsillitis	Hepar sulf.	D12	D12

Rubrik	Symptom / Erkrankung	Mittel	Potenz	
Atemwege	Halsgefühl: beim Schlucken Kloß- oder Splittergefühl	Hepar sulf.	D12/C30	D12
Atemwege	Husten (bei Blöße oder Kälte eines Körperteils, o. kalte Speisen) (rasselnd, krächzend, feucht, erstickend)	Hepar sulf.	D12/C30	D12
Atemwege	Lungenentzündung - Pneumonie (Auswurf dickes, gelbes Sekret)	Hepar sulf.	D12/C30	D12
Atemwege	Mandelentzündung (Angina tonsillaris - eitrig)	Hepar sulf.	D12	D12
Atemwege	Pneumonie - Lungenentzündung (Auswurf dickes, gelbes Sekret)	Hepar sulf.	D12/C30	D12
Atemwege	Pseudokrup	Hepar sulf.	D12/C30	D12
Atemwege	Husten (krampfartiger, trockener Kitzelhusten, schlimmer nachts)	Hyoscyamus	D6	
Atemwege	Asthma bronchiale	Ipecacuanha	C30	
Atemwege	Bronchitis (mit dickem, gelbem Sekret)	Ipecacuanha	D6	
Atemwege	Husten (Keuchhusten, trockener, erstickender, mit Schleimrasseln) unaufhörlich und heftig mit jedem Atemzug	Ipecacuanha	D6/C30	
Atemwege	Keuchhusten	Ipecacuanha	C30	
Atemwege	Husten (trocken, hart, gegen ca. 3 Uhr, u. stechenden Schmerzen)	Kalium carb.	C6/C30	
Atemwege	Bronchitis	Lachesis	C30	C30
Atemwege	Asthma bronchiale	Luffa	D6	
Atemwege	Kehlkopfentzündung (akut u. chron.) Laryngitis	Luffa	D6	
Atemwege	Rachenkatarrh, Pharangitis)	Luffa	D6	
Atemwege	Heiserkeit (Kehle wund und rauh)	Magnesium phos	C30	
Atemwege	Husten (spastisch, trocken, kitzelnder)	Magnesium phos	C30	
Atemwege	Keuchhusten	Magnesium phos	C30	
Atemwege	Bronchitis	Mercurius solub.	D12	
Atemwege	Keuchhusten (mit Nasenbluten)	Mercurius solub.	C30	
Atemwege	Asthma bronchiale	Phosphorus	C30	C30
Atemwege	Bronchitis	Phosphorus	C30	C30
Atemwege	Entzündung der Atmungsorgane (Sinusitis, Rhinitis, Bronchitis etc.)	Phosphorus	C30	C30
Atemwege	Rhinitis	Phosphorus	C30	C30

Rubrik	Symptom / Erkrankung	Mittel	Potenz	
Atemwege	Sinusitis,	Phosphorus	C30	C30
Atemwege	Asthma bronchiale	Pulsatilla	D6/C30	D6
Atemwege	Bronchitis	Pulsatilla	D6/C6	D6
Atemwege	**Bronchitis**	Rhus tox.	D12	D12
Atemwege	**Husten (trockener, quälender Husten, vor allem nachts)**	Rhus tox.	D12	D12
Atemwege	Atemwegserkrankungen (entzündliche)	Rumex	D6	
Atemwege	Husten (unaufhörlicher, ermattender, trockener, quälender Reizhusten, mit schmerzhaftem Wundheitsgefühl in der Brust)	Rumex	D6	
Atemwege	**Nasenrachenentzündung (Rhinopharyngitis)**	Rumex	D6	
Atemwege	Rhinopharyngitis (Nasenrachenentzündung)	Rumex	D6	
Atemwege	**Husten (heftig b. Niederlegen, Auswurf: dick, gelb, klumpig)**	Silicea	C6	C10
Atemwege	Rhinitis allergisch - Pollinosis	Silicea	C6	C10
Atemwege	**Atembeschwerden (möchte Fenster weit offen haben)**	Sulfur	C6	C6
Atemwege	Husten (locker - viel Schleimrasseln)	Sulfur	C6	C6
Atemwege	**Bronchitis**	Tartarus	C30	
Atemwege	Bronchpneumonie	Tartarus	C30	
Atemwege	**Husten (zähes, fadenziehendes, schleimiges Sekret, das nicht abgehustet werden kann)**	Tartarus	C30	
Augen	Augenbrennen, reichliche milde Tränensekretion	Allium cepa	D6	
Augen	Bindehautentzündung	Apis mellifica	D6/C30	C6
Augen	Gerstenkorn	Apis mellifica	D6/C30	C6
Augen	**Augen, Schleier vor den-,**	Iris	D6	
Augen	Schleier vor den Augen	Iris	D6	
Augen	Nystagmus	Magnesium phos	C30	
Augen	**Sehen (verschwommen)**	Magnesium phos	C30	
Augen	Augen (Lid rot, dick, geschwollen, viel, brennendes, scharfes Sekret)	Mercurius solub.	D12	
Augen	Augen (lichtscheu)	Nux vomica	C30	D6

Rubrik	Symptom / Erkrankung	Mittel	Potenz	
Augen	sehen (grüner Ring um Kerzenlicht, Buchstaben erscheinen rot)	Phosphorus	C30	C30
Augen	Sehschwäche (nach Überanstrengung)	Phosphorus	C30	C30
Augen	Augen (schmerzhaft)	Phytolacca	D4/C30	
Augen	Bindehautentzündung	Pulsatilla	D6/C30	D6
Augen	Lidrandentzündung (dicke, gelbe, reichlich, milde Absonderung)	Pulsatilla	D6/C30	D6
Augen	Augen (eingesunken mit blauen Ringen)	Secale	C6/C30	
Augen	Tränenkanal (Schwellung)	Silicea	C6	C10
Augen	Gerstenkorn	Silicea	C6	C10
Augen	Schwellung des Tränenkanals	Silicea	C30	C10
Augen	Gerstenkorn	Staphisagria	C30	C30
Augen / Entzündungen	Bindehautentzündung (jede Erkältung schlägt aufs Auge)	Dulcamara	D6/C30	D6
Augen / Entzündungen	Augen brennen und jucken	Euphrasia	C30	C30
Augen / Entzündungen	Augen schwimmen dauernd	Euphrasia	C30	C30
Augen / Entzündungen	Jucken und brennen der Augen	Euphrasia	C30	C30
Augen / Entzündungen	Lidkrampf	Euphrasia	C30	C30
Augen / Entzündungen	Tränenfluß (beißend - brennend)	Euphrasia	C30	C30
Augen / Entzündungen	Augen, lidlähmung; Schwere, Schwäche,	Gelsemium	C30	D6
Augen / Entzündungen	hysterische Schwachsichtigkeit	Gelsemium	C30	D6
Augen / Entzündungen	Lähmung, Augenlid,	Gelsemium	C30	D6
Augen / Entzündungen	Schwachsichtigkeit, hysterische	Gelsemium	C30	D6
Augen / Entzündungen	Augen - Hornhautgeschwüre	Hepar sulf.	C30	D12
Augen / Entzündungen	Hornhautgeschwüre	Hepar sulf.	C30	D12
Aussehen	Hitze, Rötung	Belladonna	D6/C30	C6
Aussehen	Körperöffnungen (rot)	Sulfur	C6	C6
Aussehen	Gesicht - bläuliche Blässe	Veratrum album	D6/C30	D6
Bauchspeicheldrüse	Bauchspeicheldrüsenschäden	Okoubaka	D3	

128

Rubrik	Symptom / Erkrankung	Mittel	Potenz	
Befinden	**Schwäche** Zittern, Zucken,Schwere, Wadenkrämpfe, **Brennen**	Arsenicum	C30	C6
Befinden	Schläfrigkeit	Carbo veg	C30	D12
Befinden	**Erschöpfung**	Cocculus	C30	
Befinden	**Knacken der Halswirbel beim Kopfbewegen**	Cocculus	D6/C30	
Befinden	**Knacken der Knie bei Bewegung**	Cocculus	D6/C30	
Befinden	**Schwäche**	Ferrum phos.	C30	D12
Befinden	**Schwäche,** Benommenheit, Ermüfungsgefühl, Muskelschwäche	Gelsemium	C30	D6
Befinden	**Apathie** (Teilnahmslosigkeit) **die eigene Krankheit betreffend**	Gelsemium	D6/C30	D6
Befinden	Mattigkeit	Gelsemium	C6	D6
Befinden	Schläfrigkeit	Gelsemium	D6/C30	D6
Befinden	**Teilnahmslosigkeit (Apathie) die eigene Krankheit betreffend**	Gelsemium	D6/C30	D6
Befinden	**Erschöpfung** -Überempfindlich gegen äußere Einflüsse,	Phosphorus	C30	C30
Befinden	**Schwäche** - durch Flüssigkeitsverlust - große Nervosität	Phosphorus	C30	C30
Befinden	**Wetterfühligkeit** (!*Rhododendron*)	Rhus tox	C30	D12
Befinden	**Schwäche**	Sepia	C30	
Befinden	Müdigkeit und Abgespanntheit besonders morgens n. d.Aufstehen	Staphisagria	C30	C30
Befinden	**Müdigkeit (groß)**	Tartarus	C30	
Befinden	**Schwäche**	Veratrum album	D6/C30	D6
Befinden	**Kräfteverfall, rapider-,**	Veratrum album	D6	D6
Befinden	**Schwäche, große-,**	Veratrum album	D6	D6
Bewegungsapparat	Bursitis (Schleimbeutelentzündung)	Bryonia	D6	C6
Bewegungsapparat	Schleimbeutelentzündung - Bursitis	Bryonia	D6	C6
Bewegungsapparat	Bursitis (Schleimbeutelentzündung)	Rhus tox.	D12	D12
Bewegungsapparat	Schleimbeutelentzündung - Bursitis	Rhus tox.	D12	D12
Bewegungsapparat	Bursitis (Schleimbeutelentzündung)	Thuja	C30	
Bewegungsapparat	Schleimbeutelentzündung - Bursitis	Thuja	C30	

Rubrik	Symptom / Erkrankung	Mittel	Potenz	
Drüsen	**Drüsenbeschwerden**	Dulcamara	D6	D6
Drüsen / Stoffwechsel	**Abmagerung** (Kann nicht den Anblick oder Geruch v. Speisen ertragen)	Arsenicum	C30	C6
Drüsen / Stoffwechsel	**Kropf (Schilddrüse)**	Iris	D6	
Drüsen / Stoffwechsel	**Schiddrüse (Kropf - Vergrößerung)**	Iris	D6	
Drüsen / Stoffwechsel	**Stoffwechselstörung (Schilddrüse, Bauchspeicheldrüse,)**	Iris	D6	
Drüsen / Stoffwechsel	**Lymphdrüsen (komplett befallen)**	Mercurius solub.	D12	
Drüsen / Stoffwechsel	**Abmagerung** (gr Schwäche u Müdigkeit, hungrig verliert aber an Gewicht)	Natrium mur	C30	C30
Drüsen / Stoffwechsel	**Diabetes**	Natrium mur	C30	C30
Drüsen / Stoffwechsel	**Abmagerung**	Phosphorus	C30	C30
Drüsen / Stoffwechsel	**Brustdrüse (geschwollen und verhärtet)**	Phytolacca	D2/C6	
Drüsen / Stoffwechsel	Brüste (hart u. empfindlich - Brustwarzen aufgesprungen)	Phytolacca	D2/C6	
Drüsen / Stoffwechsel	Brustwarzen aufgesprungen (Brüste hart u. empfindlich)	Phytolacca	D2/C6	
Drüsen / Stoffwechsel	**Drüsen (Schwellung und Verhärtung)**	Phytolacca	D4/C30	
Drüsen / Stoffwechsel	Mastitis (Brustdrüsenentzündung)	Phytolacca	C6/C30	
Drüsen / Stoffwechsel	**Ohrspeicheldrüse (geschwollen und verhärtet)**	Phytolacca	D4/C30	
Drüsen / Stoffwechsel	**Schwellung und Verhärtung von Drüsen**	Phytolacca	D4/C30	
Drüsen / Stoffwechsel	**Verhärtung und Schwellung von Drüsen**	Phytolacca	D4/C30	
Drüsen / Stoffwechsel	Drüsen (Schwellung)	Rhus tox.	D12/C30	D12
Drüsen / Stoffwechsel	Lymphdrüsen (vergrößert)	Rumex	D6	
Drüsen / Stoffwechsel	**Adipositas (Fettsucht)** (*Fucus vesiculosus*)	Sulfur	C6	C6
Empfindung	Berührung - Überempfindlich gegen	Aconitum	C30	C6
Empfindung	**Berührung o. Druck Empfindlichkeit**	Apis mellifica	D6/C30	C6
Empfindung	**Überempfindlichkeit** (Licht, Geräusche, Geschmack, Berührung)	Chamomilla	D6/C30	C6
Empfindung	Gefühl (sich erkältet zu haben)	Dulcamara	D6	D6
Empfindung	Ermüdungsgefühl	Gelsemium	D6/C30	D6
Empfindung	**Brennen in Sohlen und Händen nachts**	Sulfur	C6	C6
Empfindung	**stehen (ist die unangenehmste Haltung)**	Sulfur	C6	C6

Rubrik	Symptom / Erkrankung	Mittel	Potenz	
Entzündungen	hochakute entzündliche Erkrankung	Aconitum	D6	C6
Entzündungen	Gelenkentzündung mit großer Schwellung	Apis mellifica	D6/C30	C6
Entzündungen	septische Prozesse	Arsenicum	C30	C6
Entzündungen	Entzündungen mit Rötung, Schwellung und Schmerz	Belladonna	D6	C6
Entzündungen	Entzündungen	Ferrum phos.	D12	D12
Entzündungen	Abszeß, nach Eröffnung von einem-,	Hepar sulf.	D12	D12
Entzündungen	Eiterungen, Neigung zu-, (bei geringster Verletzung)	Hepar sulf.	D12	D12
Entzündungen	Entzündungen (akut, eitrig) (Hals-, Nasen-, Ohrenbereich)	Hepar sulf.	D12	D12
Entzündungen	septische Prozesse	Lachesis	C30	C30
Entzündungen	septische Prozesse	Phosphorus	C30	C30
Entzündungen	Gelenkentzündung	Rhus tox.	D12	D12
Entzündungen	Sehnenscheidenentzündung	Rhus tox.	D12/C30	D12
Entzündungen	Eiterungen	Silicea	C6	C10
Entzündungen / Haut	Eiterungen	Borax	D4	
Entzündungen / Haut	Eiterungen	Hepar sulf.	D12	D12
Entzündungen / Haut	Abszesse	Hepar sulf.	D12	D12
Entzündungen / Haut	Akne, Bläschen, Blasen und Pustel	Hepar sulf.	D12	D12
Entzündungen / Haut	Furunkel	Hepar sulf.	D12	D12
Entzündungen / Haut	Haut (ungesund, tiefe Risse an Händen und Füßen)	Hepar sulf.	D12/C30	D12
Entzündungen / Haut	Herpes (Kälteherpes)	Hepar sulf.	D12	D12
Entzündungen / Haut	Karbunkel	Hepar sulf.	D12	D12
Entzündungen / Haut	Nesselsucht, chron. Und wiederkehrende	Hepar sulf.	D12/C30	D12
Entzündungen / Haut	Risse tiefe-, (an Händen und Füßen)	Hepar sulf.	D12/C30	D12
Entzündungen / Haut	Karbunkel	Lachesis	C30	C30
Entzündungen / Haut	septische Prozeße	Lachesis	C30	C30
Entzündungen / Haut	Eiterungen	Mercurius solub.	D12	

Rubrik	Symptom / Erkrankung	Mittel	Potenz	
Entzündungen / Haut	Eiterungen	Silicea	C6	C10
Erkältungskrankheiten	grippaler Infekt fiebrig - heiße Hände kalte Füsse	Aconitum	D6	C6
Erkältungskrankheiten	grippaler Infekt, gr. Angst u Unruhe, ändert dauernd die Lage, Brennen	Arsenicum	C30	C6
Erkältungskrankheiten	Halsbeschwerden (schwieriges Schlucken, Schluckzwang)	Belladonna	D6	C6
Erkältungskrankheiten	Husten, bellender; mit Schmerz in der li. Hüfte,	Belladonna	D6	C6
Erkältungskrankheiten	Lymphknotenschwellungen (Hals) - Tonsillitis	Belladonna	D6	C6
Erkältungskrankheiten	Mittelohrentzündung (Otitis media)	Belladonna	D6	C6
Erkältungskrankheiten	grippaler Infekt	Bryonia	D6	C6
Erkältungskrankheiten	grippaler Infekt	Eupatorium	D6	D6
Erkältungskrankheiten	grippaler Infekt langsames Atmen, trockener Husten, wunde Brust	Gelsemium	D6	D6
Erkältungskrankheiten	Erkältungsneigung, große-,	Nux vomica	D6/C6	D6
Erkältungskrankheiten	grippaler Infekt	Nux vomica	D6/C6	D6
Erkältungskrankheiten	grippaler Infekt	Phytolacca	D4	
Erkältungskrankheiten	Erkältungsneigung	Pulsatilla	D6	D6
Erkältungskrankheiten	grippaler Infekt	Rhus tox.	D12	D12
Erkältungskrankheiten	Erkältungen lösen sich nicht	Silicea	C6	C10
Erkrankungen / Diagnosen	Morbus Parkinson	Agaricus	C30	
Erkrankungen / Diagnosen	Multible Sklerose	Agaricus	C30	
Erkrankungen / Diagnosen	Morbus Alzheimer	Alumina	C30	
Erkrankungen / Diagnosen	Sonnenstich (hochroter Kopf)	Belladonna	C30	C6
Erkrankungen / Diagnosen	Blinddarmreizung	Bryonia	D6	C6
Erkrankungen / Diagnosen	Epilepsie	Hyoscyamus	D6	
Erkrankungen / Diagnosen	Morbus Parkinson	Mercurius solub.	C30	
Erkrankungen / Diagnosen	Epilepsie	Silicea	C30	C10
Ernährung	Süßigkeiten Verlangen nach (die aber nicht vertragen werden	Argentum nitr	D12	
Ernährung	Ernährungsgewohnheiten (Veränderung z.B. Fernreisen)	Okoubaka	D3	

Rubrik	Symptom / Erkrankung	Mittel	Potenz	
Ernährung	**Fett, Folgen von fettem Essen**	Pulsatilla	C30	D6
Extremitäten	Beine (Kälte von den Knien nach unten) Zehen rot und geschwollen	Carbo veg	C30	D12
Fieber	**Fieberschübe mit Schüttelfrost**	Aconitum	D6	C6
Fieber	**Fieber, plötzlich hohes**	Belladonna	D6	C6
Fieber	Fieber (langsam steigend)	Bryonia	D6	C6
Fieber	**Fieber; Milchfieber**	Bryonia	C6	C6
Fieber	**Fieberkrampf**	Cuprum metall	C30	
Fieber	Fieber (Frösteln innen, Zittern, heißes Gesicht, kalte Hände, kein Durst)	Drosera	C30	
Fieber	Fieber (mit starkem Zerschlagenheitsgefühl u. Gliederschmerzen)	Eupatorium	D6	D6
Fieber	**Fieber (Schüttelfrost zw. 7 und 9 Uhr)**	Eupatorium	D6/C30	D6
Fieber	**Schüttelfrost (zw. 7 und 9 Uhr)**	Eupatorium	D6/C30	D6
Fieber	**Fieber (hoch) ohne sonstige Begleiterscheinungen**	Ferrum phos.	D12	D12
Fieber	**Fieber (subakut und akut)**	Ferrum phos.	D12	D12
Fieber	Fieber (mit Unterbrechungen) Schüttelfrost, viel Hitze u. Übelkeit	Ipecacuanha	D6	
Fieber	Schüttelfrost, leichtester-, (mit viel Hitze und Übelkeit)	Ipecacuanha	D6	
Fieber	**Fieberschauer den Rücken auf u. nieder mit Zittern**	Magnesium phos	C30	
Fieber	Frösteln (nach dem Essen)	Magnesium phos	C30	
Fieber	**Fieber (bei jeder Menstruation)**	Pulsatilla	C6	D6
Fieber	Fieber (septisch)	Pulsatilla	D6	D6
Fieber	Frösteln (aber Abneigung gegen Wärme)	Pulsatilla	D6	D6
Frauenmittel	**Amenorrhoe (als Folge von Schreck oder Kälte)**	Aconitum	D6	C6
Frauenmittel	**Depressionen (hormonell)**	Agnus castus	D6/C30	
Frauenmittel	**Wechseljahrbeschwerden**	Agnus castus	D6/C30	
Frauenmittel	**Senkungsbeschwerden**	Aletris	C30	
Frauenmittel	menstruelle Beschwerden (starke Unterleibs- u. Beckenschmerzen)	Bryonia	C30	C6
Frauenmittel	**schmerzhafte Brust, heiß**	Bryonia	C6/C30	C6

133

Rubrik	Symptom / Erkrankung	Mittel	Potenz	
Frauenmittel	schmerzen, Ovarial- (Eierstock), stechende (beim tiefen Einatmen), im re. Ovar wie beim Zerreißen;	Bryonia	C6/C30	C6
Frauenmittel	schmerzhafte Drüsen bei Menses;	Bryonia	C6/C30	C6
Frauenmittel	Gebärmutterkrämpfe (Uteruskrämpfe)	Caulophyllum	D4/C6	
Frauenmittel	Krämpfe der Gebärmutter (Uterus)	Caulophyllum	D4/C6	
Frauenmittel	Wechseljahrbeschwerden	Caulophyllum	C30	
Frauenmittel	Gebärmutter- (Uterusblutungen) klumpig, dunkeles Blut	Chamomilla	D6/C30	C6
Frauenmittel	Uterus- (Gebärmutterblutungen) klumpig, dunkeles Blut	Chamomilla	D6/C30	C6
Frauenmittel	Amenorrhoe (Ausbleiben der monatl. Regel)	Cimicifuga	D6/C30	
Frauenmittel	Ausfluß (Fluor)	Cimicifuga	C6/C30	
Frauenmittel	Dysmenorrhoe (schmerzhafte Menstruation)	Cimicifuga	D6/C30	
Frauenmittel	Fluor (Scheidensekret - Ausfluß)	Cimicifuga	C6/C30	
Frauenmittel	klimakterische Beschwerden	Cimicifuga	C30	
Frauenmittel	Menorrhagie (verlängerte Menstruation)	Cimicifuga	D6/C30	
Frauenmittel	Menstruation (verlängert, o. Ausbleiben, o. schmerzhaft)	Cimicifuga	D6/C30	
Frauenmittel	Wechseljahrbeschwerden	Cimicifuga	C30	
Frauenmittel	Ausfluß (Fluor)	Cocculus	D6/C30	
Frauenmittel	Dysmenorrhoe (schmerzhafte Menstruation)	Cocculus	D6/C30	
Frauenmittel	Fluor (Scheidensekret - Ausfluß)	Cocculus	D6/C30	
Frauenmittel	klimakterische Beschwerden	Cocculus	C30	
Frauenmittel	Menorrhagie (verlängerte Menstruation)	Cocculus	D6/C30	
Frauenmittel	Wechseljahrbeschwerden	Cocculus	C30	
Frauenmittel	Menses schmerzhaft, zu spät, zu kurz	Euphrasia	C30	C30
Frauenmittel	Menses zu reichlich und zu früh	Ipecacuanha	C30	
Frauenmittel	Dysmenorrhoe (schmerzhafte Menstruation)	Lachesis	C30	C30
Frauenmittel	Menstruation (schmerzhaft)	Lachesis	C30	C30

134

Rubrik	Symptom / Erkrankung	Mittel	Potenz	
Frauenmittel	Wechseljahrbeschwerden	Lachesis	C30	C30
Frauenmittel	Menstrualkolik	Magnesium phos	C30	
Frauenmittel	Dysmenorrhoe (schmerzhafte Menstruation)	Nux vomica	C6/C30	D6
Frauenmittel	Cysten an den Eierstöcken	Phosphorus	C30	C30
Frauenmittel	Metrorrhagie (Blutung länger als 7 Tg. Außerhalb der Menses)	Phosphorus	C30	C30
Frauenmittel	Ovarialcysten	Phosphorus	C30	C30
Frauenmittel	Metrorrhagie (Blutung länger als 7 Tg. Außerhalb der Menses)	Phytolacca	C30	
Frauenmittel	Amenorrhoe	Pulsatilla	D6/C30	D6
Frauenmittel	Dysmenorrhoe (schmerzhafte Menstruation)	Pulsatilla	D6/C30	D6
Frauenmittel	Fluor albus (Scheidensekret)	Pulsatilla	D6/C30	D6
Frauenmittel	Hypomenorrhoe	Pulsatilla	D6/C30	D6
Frauenmittel	klimakterische Beschwerden	Pulsatilla	C30	D6
Frauenmittel	Menses (ändert sich ständig in Rhythmus u. Stärke)	Pulsatilla	D6/C30	D6
Frauenmittel	Scheidensekret (Fluor albus)	Pulsatilla	D6/C30	D6
Frauenmittel	Wechseljahrbeschwerden	Pulsatilla	C30	D6
Frauenmittel	Fluor albus (Scheidensekret) (bräunlich, übelriechend)	Secale	C6/C30	
Frauenmittel	Menorrhagie (verlängerte Menstruation)	Secale	C6/C30	
Frauenmittel	Metrorrhagie (Blutung länger als 7 Tg. Außerhalb der Menses)	Secale	C6/C30	
Frauenmittel	Scheidensekret (Fluor albus)(bräunlich, übelriechend)	Secale	C6/C30	
Frauenmittel	Schmierblutungen (wässrige)	Secale	C6/C30	
Frauenmittel	Amenorrhoe	Sepia	C12	
Frauenmittel	Dysmenorrhoe (schmerzhafte Menstruation)	Sepia	C12	
Frauenmittel	Frauenmittel (meist brünett, emotional hart u. distanziert, reizbar)	Sepia	C30	
Frauenmittel	Gebärmutterprolaps	Sepia	C12	
Frauenmittel	Hitzewallungen	Sepia	C30	
Frauenmittel	klimakt. Beschwerden (Depression, Wallungen, Migräne etc)	Sepia	C30	

Rubrik	Symptom / Erkrankung	Mittel	Potenz	
Frauenmittel	Senkungsbeschwerden der Beckenorgane Gefühl des nach unten Drängens, als ob alles durch die Scheide entweichen wolle.	Sepia	C12/C30	
Frauenmittel	Wechseljahrbesch. (Depression, Wallungen, Migräne etc)	Sepia	C30	
Frauenmittel	Hitzewallungen	Sulfur	C6	C6
Frauenmittel	Dysmenorrhoe (schmerzhafte Menstruation) schwere	Veratrum album	D6/C30	D6
Gefäße	Arteriosklerose (Verkalkung)	Arnica	C30	D6
Gefäße	Krampfadern (Varizen)	Arnica	D6/C30	D6
Gefäße	Varizen (Krampfadern)	Arnica	D6/C30	D6
Gefäße	Venenentzündungen	Arnica	D6	D6
Gefäße	Verkalkung (Arteriosklerose)	Arnica	C30	D6
Gefäße	Krampfadern (Varizen)	Carbo veg	C30	D12
Gefäße	Venenstau	Carbo veg	C30	D12
Gefäße	Krampadern	Pulsatilla	C30	D6
Gefäße	Varizen	Pulsatilla	C30	D6
Gefäße	venöse Stase (Stauungen)	Pulsatilla	C30	D6
Gefäße	Gefäßspasmen (Krämpfe)	Secale	C6/C30	
Gefäße	Varizen (Krampfadern)	Sepia	C12/C30	
Gefäße	venöse Stase (Stauungen)	Sepia	C12/C30	
Gefäße	venöse Stase (Stauungen)	Sulfur	C6	C6
Gefäße / Gehirn	Apoplexie (Hirnschlag)	Arnica	C30	D6
Geist / Gemüt / Befinden	Müdigkeit extrem (schlaff, Anämie, Schwindel, Ohnmacht)	Aletris	C30	
Geist / Gemüt / Befinden	Erschöpfung nach körperlicher Überanstrengung	Arnica	D6	D6
Geist / Gemüt / Befinden	Erschöpfung extrem nach leichtester Anstrengung	Arsenicum	C30	C6
Geist / Gemüt / Befinden	Schwäche, reizbare	Arsenicum	C30	C6
Geist / Gemüt / Befinden	Todesfurcht	Arsenicum	C30	C6
Geist / Gemüt / Befinden	Schwindel (bei schnellen Kopfbewegungen)	Bryonia	C30	C6
Geist / Gemüt / Befinden	Schwäche, große; und Zittern am ganzen Körper	Cimicifuga	D6/C30	

Rubrik	Symptom / Erkrankung	Mittel	Potenz
Geist / Gemüt / Befinden	**Erschöpfung nach geistiger Überanstrengung**	Cocculus	D6/C30
Geist / Gemüt / Befinden	Gemüt: kann **Widerspruch nicht vertragen**, spricht hastig, launisch,	Cocculus	C30
Geist / Gemüt / Befinden	**Schwäche (als Folge von Schlafmangel)**	Cocculus	D6
Geist / Gemüt / Befinden	Schwindel (bei jeder Bewegung mit großer Übelkeit)	Cocculus	D6/C30
Geist / Gemüt / Befinden	Schwindel (beim Gehen im Freien mit Neigung nach li. zu fallen)	Drosera	C30
Geist / Gemüt / Befinden	Schwindel (Gefühl nach links zu fallen)	Eupatorium	D6/C30
Geist / Gemüt / Befinden	Benommenheit - Schwindel v. Hinterkopf her - Betäubung und Zittern	Gelsemium	C6/C30
Geist / Gemüt / Befinden	Schwindel v. Hinterkopf her, Benommenheit, Betäubung u.Zittern;	Gelsemium	C6/C30
Geist / Gemüt / Befinden	Zittern - Schwindel - Benommenheit - Betäubung	Gelsemium	C6/C30
Geist / Gemüt / Befinden	**Heimweh**	Ignatia	C30
Geist / Gemüt / Befinden	Schwindel (von den Ohren her mit starken Geräuschen in d. Ohren)	Iris	D6
Geist / Gemüt / Befinden	Schwindel (beim Drehen)	Kalium carb.	C6/C30
Geist / Gemüt / Befinden	**Überempfindlich gegen Schmerzen, Geräusch, Berührung**	Kalium carb.	C6/C30
Geist / Gemüt / Befinden	**Alkoholismus** - Redelust, Schmerz im Kopf beim Aufwachen	Lachesis	C30
Geist / Gemüt / Befinden	**Kleiderdruck ist unerträglich (besonders am Hals u. Taille)**	Lachesis	C30
Geist / Gemüt / Befinden	Schwindel	Lachesis	C30
Geist / Gemüt / Befinden	**Zeitsinn gestört**	Lachesis	C30
Geist / Gemüt / Befinden	Schwindel (beim Gehen mit Neigung zu einer Seite zu fallen)	Ledum	D6/C30
Geist / Gemüt / Befinden	Müdigkeit und Trägheit	Luffa	D6
Geist / Gemüt / Befinden	liegen (kann nicht auf der rechten Seite liegen)	Mercurius solub.	D12/C30
Geist / Gemüt / Befinden	Schwindel (beim Liegen auf dem Rücken)	Mercurius solub.	D12/C30
Geist / Gemüt / Befinden	**Kaffeefolgen (Sodbrennen)**	Nux vomica	D6
Geist / Gemüt / Befinden	**Katerstimmung**	Nux vomica	D6
Geist / Gemüt / Befinden	**Schwindel, Dreh-, (mit momentanem Bewußtseinsverlust)**	Nux vomica	C6
Geist / Gemüt / Befinden	**Abneigung gegen geistige Beanspruchung**	Phosphorus	C30
Geist / Gemüt / Befinden	**Beschwerden (plötzlich)**	Phosphorus	C30

Rubrik	Symptom / Erkrankung	Mittel	Potenz	
Geist / Gemüt / Befinden	Ermüdung, rasche-,	Phosphorus	C30	C30
Geist / Gemüt / Befinden	Gefühl: taub von Arme und Hände	Phosphorus	C30	C30
Geist / Gemüt / Befinden	**Konzentrationsfähigkeit, mangelnde-,**	Phosphorus	C30	C30
Geist / Gemüt / Befinden	**Nakosefolgen**	Phosphorus	C30	C30
Geist / Gemüt / Befinden	Schwäche (nach erschöpfenden Krankheiten)	Phosphorus	C30	C30
Geist / Gemüt / Befinden	Schwindel (alter Leute, nach dem Aufstehen)	Phosphorus	C30	C30
Geist / Gemüt / Befinden	Gefühl (Zerschlagen in allen Gliedern)	Phytolacca	D4/C30	
Geist / Gemüt / Befinden	**Heimweh**	Pulsatilla	D6/C30	D6
Geist / Gemüt / Befinden	**Getragen (will getragen werden)**	Pulsatilla	C30	D6
Geist / Gemüt / Befinden	Verhalten (überwiegend weibl. Konstitution, sanft, schüchtern, gefühlsbetont, empfindlich)	Pulsatilla	C6	D6
Geist / Gemüt / Befinden	**Beschwerden (Reißen, Ziehen, Steifheit in allen Glieder)**	Rhus tox.	D12	D12
Geist / Gemüt / Befinden	schläfrig nach dem Essen	Rhus tox.	D12/C30	D12
Geist / Gemüt / Befinden	Schwindel (beim Aufstehen)	Rhus tox.	D12/C30	D12
Geist / Gemüt / Befinden	Sinne (benebelt)	Rhus tox.	C30	D12
Geist / Gemüt / Befinden	**Steifheit (aller Glieder)**	Rhus tox.	D12	D12
Geist / Gemüt / Befinden	**Unruhe extrem (mit dauernden Lageveränderung)**	Rhus tox.	C30	D12
Geist / Gemüt / Befinden	**Empfindlichkeit (kalte Luft und Entblößen der Haut)**	Rumex	D6	
Geist / Gemüt / Befinden	**Abneigung gegen Berufsarbeit**	Sepia	C30	
Geist / Gemüt / Befinden	**Gemüt (Gleichgültigkeit-gegenüber d.Familie - sehr traurig)**	Sepia	C30	
Geist / Gemüt / Befinden	**Schwäche und Erschöpfung**	Sepia	C12	
Geist / Gemüt / Befinden	Schwindel (als ob etwas herumrolle)	Sepia	C12/C30	
Geist / Gemüt / Befinden	**Weinen (unwillkürlich)**	Sepia	C30	
Geist / Gemüt / Befinden	**Gemüt (sehr selbstsüchtig)**	Sulfur	C6	C6
Geist / Gemüt / Befinden	**Erschöpfung mit raschem Kräfteverfall**	Tartarus	C30	
Geist / Gemüt / Befinden	**Gefühl (Kälte innerlich und äußerlich)**	Veratrum album	D6/C30	D6

Rubrik	Symptom / Erkrankung	Mittel	Potenz	
Geist / Gemüt / Befinden	**Kältegefühl innerlich und äußerlich**	Veratrum album	D6/C30	D6
Geist / Gemüt / Befinden	Schwindel	Veratrum album	D6/C30	D6
Geist / Gemüt / Befinden	Schwindel (glaubt nach vorne zu fallen)	Viburnum opulus	C30	
Gesicht	Gesicht (heiß, schwer, gerötet, berauscht aussehend)	Gelsemium	D6/C30	D6
Haare / Nägel	Haar sehr fettig	Bryonia	C30	C6
Haare / Nägel	Haarausfall	Hypericum	D6	D6
Haare / Nägel	Fingernägel (zyanotisch - bläulich)	Nux vomica	D6/C30	D6
Haare / Nägel	Zyanose der Fingernägel	Nux vomica	D6/C30	D6
Haare / Nägel	Haare (blond) oft	Pulsatilla	C30	D6
Haare / Nägel	**Nagelbetteiterungen, Abszeße, Furunkel**	Silicea	C6	C10
Hals	Hals - chron. wund	Lachesis	C30	C30
Hals	Schleim im Hals kann weder hinauf-, noch hintergebracht werden	Lachesis	C30	C30
Hals / Atemwege	**Laryngitis (Kehlkopfentzündung) akut und chron.**	Aconitum	D6	C6
Hals / Atemwege	Tonsillitis (Seitenstrangangina) Fieber akutes plötzliches Einsetzen	Aconitum	D6	C6
Hals / Atemwege	Seitenstrangangina (Tonsillitis) Fieber akutes plötzliches Einsetzen	Aconitum	D6	C6
Hals / Atemwege	Heiserkeit (chron.) Laryngitis	Argentum nitr	D12	
Hals / Atemwege	**Laryngitis (Kehlkopfentzündung) akut und chron.**	Belladonna	D6/C30	C6
Hals / Atemwege	Tonsillitis (Seitenstrangangina)	Belladonna	D6	C6
Hals / Atemwege	Seitenstrangangina (Tonsillitis)	Belladonna	D6	C6
Hals / Atemwege	**Laryngitis (Kehlkopfentzündung) akut und chron.**	Drosera	C30	
Hals / Atemwege	Tonsillitis (Seitenstrangangina) Kloß- u Splittergefühl im Rachen,	Hepar sulf.	D12/C30	D12
Hals / Atemwege	Seitenstrangangina (Tonsillitis) Kloß- u Splittergefühl im Rachen,	Hepar sulf.	D12/C30	D12
Hals / Atemwege	Mandelentzündung (Angina tonsillaris - Tonsillitis)	Ignatia	C30	C30
Hals / Atemwege	Tonsillitis (Seitenstrangangina) Kloßgefühl kann nicht weggeschluckt werden	Ignatia	C30	C30
Hals / Atemwege	Seitenstrangangina (Tonsillitis) Kloßgefühl kann nicht weggeschluckt werden	Ignatia	C30	C30

Rubrik	Symptom / Erkrankung	Mittel	Potenz	
Hals / Atemwege	**Heiserkeit**	Ipecacuanha	D6/C30	
Hals / Atemwege	**Heisekeit und Verlust der Stimme**	Kalium carb.	C6/C30	
Hals / Atemwege	**Stimmverlust**	Kalium carb.	C6/C30	
Hals / Atemwege	**Angina tonsillaris (Mandelentzündung)**	Lachesis	C30	C30
Hals / Atemwege	**Mandelentzündung**	Lachesis	C30	C30
Hals / Atemwege	**Angina tonsillaris**	Mercurius solub.	D12	
Hals / Atemwege	Tonsillitis (Seitenstrangangina)	Mercurius solub.		
Hals / Atemwege	Seitenstrangangina (Tonsillitis)	Mercurius solub.		
Hals / Atemwege	**Heiserkeit**	Phosphorus	C30	C30
Hals / Atemwege	**Laryngitis (Kehlkopfentzündung) akut und chron.**	Phosphorus	C30	C30
Hals / Atemwege	Hals (brennende Schmerzen , Hals dunkelrot)	Phytolacca	D4/C30	
Hals / Atemwege	**Mandeln (geschwollen und verhärtet) entzündet**	Phytolacca	D4/C30	
Hals / Atemwege	**Tonsillen (geschwollen und verhärtet) entzündet**	Phytolacca	D4/C30	
Hals / Atemwege	Seitenstrangangina (Tonsillitis)	Phytolacca	D4/C30	
Hals / Atemwege	**Kehlkopf-Luftröhrenentzündung (Laryngotracheitis)**	Rumex	D6	
Hals / Atemwege	**Laryngotracheitis (Kehlkopf-Luftröhrenentzündung)**	Rumex	D6	
Hals / Atemwege	Halsschmerzen	Silicea	C6	C10
Hals / Schmerzen	**Halsschmerzen (Pharyngitis-Heiserkeit)**	Apis mellifica	D6/C30	C6
Hals / Schmerzen	**Heiserkeit (Halsschmerzen)**	Apis mellifica	D6/C30	C6
Hals / Schmerzen	Schmerzen (Splitterschmerz im Hals)	Argentum nitr	D12	
Hals / Schmerzen	**Halsschmerzen (besser durch schlucken)**	Ignatia	C30	C30
Haut	Verbrennungen	Aconitum	D6	C6
Haut	**Insektenstiche - Insektenstichallergie**	Apis mellifica	D6/C30	C6
Haut	Verbrennungen	Arnica	D6	D6
Haut	Juckreiz (häufig Kopf); brennen der Haut;	Arsenicum	C30	C6
Haut	**Schweiß; große Angst (vor dem Tod, u. alleingelassen zu werden)**	Arsenicum	C30	C6

Rubrik	Symptom / Erkrankung	Mittel	Potenz	
Haut	**Schweiß, heißer**	Belladonna	D6/C30	C6
Haut	Verbrennungen	Belladonna	D6/C30	C6
Haut	Brandblasen	Cantharis	D6	C6
Haut	**Verbrennungen mit Blasenbildung**	Cantharis	D6	C6
Haut	**Haut: blau, zyanotisch**	Carbo veg	C30	D12
Haut	**Schweiß: kalt**	Carbo veg	C30	D12
Haut	Windeldermatitis	Chamomilla	C30	C6
Haut	**Abszeße, Nagelbetteiterungen, Furunkel**	Silicea	C6	C10
Haut	**Furunkel, Nagelbetteiterungen, Abszeße**	Silicea	C6	C10
Haut / Gewebe	Zellulitis	Rhus tox.	C30	D12
Haut / Schleimhaut	**Juckreiz (aller Körperteile, besonders der Augen)**	Agnus castus	C30	
Haut / Schleimhaut	**Ausschlag (Nesselsucht u. Juckreiz)**	Apis mellifica	D6/C30	C6
Haut / Schleimhaut	**Juckreiz (unerträglich mit Nesselausschlag)**	Apis mellifica	D6/C30	C6
Haut / Schleimhaut	**Mykose - Pilz**	Borax	D4	
Haut / Schleimhaut	**Eiterungsneigung der Haut auch bei kleinsten Verletzungen**	Borax	D4	
Haut / Schleimhaut	**Herpes simplex**	Borax	D4	
Haut / Schleimhaut	**Schleimhäute (alle trocken - gelb, blaß, geschwollen)**	Bryonia	C30	C6
Haut / Schleimhaut	**Ausschlag auf der Haut (vor der Menses)**	Dulcamara	D6/C30	D6
Haut / Schleimhaut	**Gürtelrose**	Dulcamara	D6/C30	D6
Haut / Schleimhaut	**Herpes (labialis o. zoster, - Lippenherpes o. Gürtelrose)**	Dulcamara	D6	D6
Haut / Schleimhaut	**Herpes, Lippen-,**	Dulcamara	D6	D6
Haut / Schleimhaut	**Juckreiz (ständig)**	Dulcamara	D6/C30	D6
Haut / Schleimhaut	Nesselsucht, (Gesicht, Genitalien, Händen u.s.w.)	Dulcamara	D6/C30	D6
Haut / Schleimhaut	**Schleimhautabsonderungen (Haut bleibt trocken)**	Dulcamara	D6/C30	D6
Haut / Schleimhaut	Warzen, weiche- (groß, glatt, im Gesicht, Handflächen)	Dulcamara	C30	D6
Haut / Schleimhaut	Ausschlag (masernartig - juckend)	Gelsemium	D6/C30	D6

Rubrik	Symptom / Erkrankung	Mittel	Potenz
Haut / Schleimhaut	Haut (heiß u. trocken, juckend, masernartiger Ausschlag)	Gelsemium	D6/C30
Haut / Schleimhaut	Juckreiz (Ausschlag masernartig)	Gelsemium	D6/C30
Haut / Schleimhaut	Ausschlag (scheint unter der Haut zu sein)	Hypericum	D6
Haut / Schleimhaut	**Juckreiz**	Hypericum	D6
Haut / Schleimhaut	Juckreiz - Nesselfieber	Ignatia	C30
Haut / Schleimhaut	Nesselfieber - Juckreiz	Ignatia	C30
Haut / Schleimhaut	**Ausschlag mit nächtlichem Juckreiz**	Iris	D6
Haut / Schleimhaut	**Herpes zoster verbunden mit Magenstörungen**	Iris	D6
Haut / Schleimhaut	**Juckreiz, nächtlicher-, (Ausschlag)**	Iris	D6
Haut / Schleimhaut	Psoriasis	Iris	D6
Haut / Schleimhaut	Schleimhautblutungen, Neigung zu-,	Ledum	D6/C30
Haut / Schleimhaut	**Angina pectoris** (spastisches Hertklopfen, zusammenschnürende Schmerzen um das Herz)	Magnesium phos	C30
Haut / Schleimhaut	**Ausschlag (näßend)**	Mercurius solub.	C30
Haut / Schleimhaut	**Ekzeme (näßend)**	Mercurius solub.	C30
Haut / Schleimhaut	Haut (fast dauernd feucht)	Mercurius solub.	D12/C30
Haut / Schleimhaut	**Juckreiz**	Mercurius solub.	D12/C30
Haut / Schleimhaut	**Nesselsucht**	Mercurius solub.	C30
Haut / Schleimhaut	**Schleimhautentzündungen** (akut u. chron.) mit Schwellung und Neigung zur Eiterung	Mercurius solub.	D12
Haut / Schleimhaut	**Soor**	Mercurius solub.	D12/C30
Haut / Schleimhaut	**Herpes simplex - labialis**	Natrium mur	C30
Haut / Schleimhaut	**Mykose - Pilz**	Natrium mur	C30
Haut / Schleimhaut	**Furunkulose, Neigung zu-,**	Phytolacca	D4/C30
Haut / Schleimhaut	**Juckreiz**	Phytolacca	D4/C30
Haut / Schleimhaut	Leberflecken und Warzen	Phytolacca	D4/C30
Haut / Schleimhaut	**Nesselsucht (scharlachartig)**	Phytolacca	D4/C30

Rubrik	Symptom / Erkrankung	Mittel	Potenz	
Haut / Schleimhaut	Warzen und Leberflecken	Phytolacca	D4/C30	
Haut / Schleimhaut	Haut (hellhäutig) oft	Pulsatilla	C30	D6
Haut / Schleimhaut	Dermatitis (Hautentzündung)	Rhus tox.	D12/C30	D12
Haut / Schleimhaut	Ekzeme (pustulös, juckend)	Rhus tox.	D12/C30	D12
Haut / Schleimhaut	Erysipel (Wundrose) mit Bläschen - (unbedingt den Arzt aufsuchen!)	Rhus tox.	D12/C30	D12
Haut / Schleimhaut	Herpes (Simplex, Zoster)	Rhus tox.	D12/C30	D12
Haut / Schleimhaut	Juckreiz mit Ekzem (pustulös, juckend)	Rhus tox.	D12/C30	D12
Haut / Schleimhaut	Wundrose (Erysipel) mit Bläschen,	Rhus tox.	D12/C30	D12
Haut / Schleimhaut	Haut (rote Bläschen)	Rumex	D6	
Haut / Schleimhaut	Juckreiz (heftig am ganzen Körper)	Rumex	D6	
Haut / Schleimhaut	Ausschlag (chron)	Sepia	C30	
Haut / Schleimhaut	Herpes (hinter den Ohren)	Sepia	C12	
Haut / Schleimhaut	Psoriasis	Sepia	C30	
Haut / Schleimhaut	Ausschlag (brennend, juckende)	Staphisagria	C30	C30
Haut / Schleimhaut	Juckreiz (mit brennenden Hautausschlägen)	Staphisagria	C30	C30
Haut / Schleimhaut	Akne	Sulfur	C6	C6
Haut / Schleimhaut	Ekzeme (seborrhoisches (Talg))	Sulfur	C6	C6
Haut / Schleimhaut	Haut (brennen, Hitze, jucken)	Sulfur	C6	C6
Haut / Schleimhaut	Jucken und Brennen des Anus	Sulfur	C6	C6
Haut / Schleimhaut	Psoriasis	Sulfur	C6	C6
Haut / Schleimhaut	Ausschläge (pustulös)	Tartarus	C30	
Haut / Schleimhaut	Grindflechte (Impetigo)	Tartarus	C30	
Herz / Kreislauf	Blutdruck (hoher) u schnellem Puls Herzbeschwerden m Schmerz li Schulter	Aconitum	D6	C6
Herz / Kreislauf	Herzbeschwerden (nervös)	Argentum nitr	D12	
Herz / Kreislauf	Herzklopfen	Arsenicum	C30	C6

143

Rubrik	Symptom / Erkrankung	Mittel	Potenz	
Herz / Kreislauf	**Kollaps**	Arsenicum	C30	C6
Herz / Kreislauf	Herzklopfen	Belladonna	D6/C30	C6
Herz / Kreislauf	**Nasenbluten (bei rotem Gesicht)**	Belladonna	C30	C6
Herz / Kreislauf	Bewußtseinsverlust, plötzlicher; mit rotem Gesicht	Cantharis	D6	C6
Herz / Kreislauf	Herz (geschwächte Herztätigkeit)	Carbo veg	C30	D12
Herz / Kreislauf	**Kollapsneigung**	Carbo veg	C30	D12
Herz / Kreislauf	**Ohnmachtszustände**	Carbo veg	C30	D12
Herz / Kreislauf	Thromboseneigung	Carbo veg	C30	D12
Herz / Kreislauf	Angina pectoris	Cimicifuga	C6	
Herz / Kreislauf	Herzneurose	Cimicifuga	C6	
Herz / Kreislauf	Angina pectoris	Cuprum metall	C30	
Herz / Kreislauf	**Kollapsneigung**	Cuprum metall	C30	
Herz / Kreislauf	Puls (kurz, rasch, weich)	Ferrum phos.	C30	D12
Herz / Kreislauf	Herz, arrhythmisch, Gefühl, als ob es nötig wäre, in Bewegung zu bleiben, andernfalls die Herztätigkeit aufhören würde.	Gelsemium	D6/C30	D6
Herz / Kreislauf	Puls (schwach, langsam in Ruhe, stark beschleunigt in Bewegung, unterdrückbar)	Gelsemium	D6/C30	D6
Herz / Kreislauf	Sklerose, cerebral-,	Hyoscyamus	D6	
Herz / Kreislauf	Ohnmacht (als Folge von Blutverlust)	Ipecacuanha	D6	
Herz / Kreislauf	Angina pectoris	Lachesis	C30	C30
Herz / Kreislauf	**Blutdruck, hoher-, (Hypertonie) - unregelmäßige Schläge**	Lachesis	C30	C30
Herz / Kreislauf	**Hypertonie -Blutdruck, hoher - unregelmäßige Schläge**	Lachesis	C30	C30
Herz / Kreislauf	Embolie	Lachesis	C30	C30
Herz / Kreislauf	Herzentzündungen	Lachesis	C30	C30
Herz / Kreislauf	Herzklopfen	Lachesis	C30	C30
Herz / Kreislauf	Hypertonie	Lachesis	C30	C30
Herz / Kreislauf	Hypotonie	Lachesis	C30	C30

Rubrik	Symptom / Erkrankung	Mittel	Potenz	
Herz / Kreislauf	**Kollapszustände**	Lachesis	C30	C30
Herz / Kreislauf	Thrombose	Lachesis	C30	C30
Herz / Kreislauf	Kreislaufkollaps	Nux vomica	D6/C6	D6
Herz / Kreislauf	**Herzbeschwerden, nervöse-,**	Phosphorus	C30	C30
Herz / Kreislauf	**Herzentzündungen (Endokarditis, Myokarditis)**	Phosphorus	C30	C30
Herz / Kreislauf	Herzklopfen (als ob das Herz zu voll wäre)	Pulsatilla	D6/C30	D6
Herz / Kreislauf	Herzklopfen	Pyrogenium	C30	
Herz / Kreislauf	Puls (abnorm beschleunigt, unangemessen im Verhältnis zur Temp.)	Pyrogenium	C30	
Herz / Kreislauf	Angina pectoris	Rhus tox.	C30	D12
Herz / Kreislauf	Herzklopfen	Rhus tox.	C30	D12
Herz / Kreislauf	**Blutdruck, hoher-, (Hypertonie)**	Secale	C6/C30	
Herz / Kreislauf	**Hypertonie (hoher Blutdruck)**	Secale	C6/C30	
Herz / Kreislauf	**Kreislaufstörungen**	Secale	C6/C30	
Herz / Kreislauf	Blutdruck, niedriger-, (Hypotonie)	Staphisagria	C30	C30
Herz / Kreislauf	Hypotonie (niedriger Blutdruck)	Staphisagria	C30	C30
Herz / Kreislauf	**Hypertonie -Blutdruck, hoher**	Sulfur	C6	C6
Herz / Kreislauf	**Blutdruck, hoher-, (Hypertonie)**	Sulfur	C6	C6
Herz / Kreislauf	**Kollapsneigung - Kreislaufschwäche**	Veratrum album	D6	D6
Herz / Kreislauf	**Kreislaufschwäche mit Kollapsneigung**	Veratrum album	D6	D6
Herz / Kreislauf	**Ohnmacht**	Veratrum album	D6	D6
Herz / Kreislauf	**orthostatische Regulationsstörungen**	Veratrum album	D6	D6
Impfschäden	**Impfschäden**	Silicea	C30	C10
Impfschäden	**Impfschäden**	Thuja	C30	
Infektion	Masern (unbedingt den Arzt aufsuchen!)	Aconitum	D5	C5
Infektion	**Scharlach (unbedingt den Arzt aufsuchen!)**	Apis mellifica	D6/C30	
Infektion	Malaria (unbedingt den Arzt aufsuchen!)	Arsenicum	C30	C6

145

Rubrik	Symptom / Erkrankung	Mittel	Potenz	
Infektion	**Masern (unbedingt den Arzt aufsuchen!)**	Belladonna	D6/C30	C6
Infektion	**Mumps (unbedingt den Arzt aufsuchen!)**	Belladonna	D6/C30	C6
Infektion	**Scharlach (unbedingt den Arzt aufsuchen!)**	Belladonna	D6/C30	C6
Infektion	**Influenza (unbedingt den Arzt aufsuchen!)**	Eupatorium	C30	D6
Infektion	Malaria (unbedingt den Arzt aufsuchen!)	Eupatorium	C30	D6
Infektion	**Infektionskrankheiten**	Ferrum phos.	D12/C30	D12
Infektion	Diphtherie (postdiphtherische Paralyse - Lähmung)	Gelsemium	C30	D6
Infektion	Masern	Gelsemium	C30	D6
Infektion	Scharlach	Gelsemium	C30	D6
Infektion	Scharlach, Taubheit nach- ,	Hepar sulf.	C30	D12
Infektion	Cholera	Iris	D6	
Infektion	**Scharlach (unbedingt den Arzt aufsuchen!)**	Lachesis	C30	C30
Infektion	**Influenza (unbedingt den Arzt aufsuchen!)**	Lachesis	C30	C30
Infektion	**Scharlach**	Lachesis	C30	C30
Infektion	**Tetanusprophylaxe**	Ledum	C30	C30
Infektion	**Malariaprophylaxe**	Natrium mur	C30	C30
Infektion	Infektionskrankheiten, nach-,	Okoubaka	D3	
Infektion	**Mumps**	Phytolacca	C30	
Infektion	**Mumps (unbedingt den Arzt aufsuchen!)**	Pulsatilla	D6/C30	D6
Infektion	**Infektionsverhütung**	Sulfur	C6	C6
Infektion	**Windpocken (Varizellen)**	Tartarus	C30	
Knochen	**Steißbeinverletzungsschmerzen**	Hypericum	D6	D6
Knochen / Schmerzen	**Gelenke (schmerzen, geschwollen, heiß, blaß)**	Ledum	C30	C30
Knochen / Schmerzen	**Knochenhautentzündung**	Mercurius solub.	C30	
Knochen / Schmerzen	**Fersenschmerz**	Phytolacca	D4/C30	
Knochen / Schmerzen	Gelenke (schmerzen,)	Phytolacca	D4	

Rubrik	Symptom / Erkrankung	Mittel	Potenz	
Knochen / Schmerzen	Knochenerkrankungen	Silicea	C6/C30	C10
Konstitution	Luftkrankheit (Vorbeugung)	Belladonna	D6	C6
Konstitution	kalt, träge, adipös (fettsüchtig), schwach, matt	Carbo veg	C30	D12
Konstitution	schwach, matt, träge, kalt, adipös (fettsüchtig),	Carbo veg	C30	D12
Konstitution	träge, kalt, adipös (fettsüchtig), schwach, matt	Carbo veg	C30	D12
Konstitution	Beschwerden: vorwiegend links	Lachesis	C30	C30
Konstitution	Besserung durch fortgesetzte Bewegung, (man läuft sich ein)	Rhus tox.	D12/C30	D12
Konstitution	Bewegung, Besserung durch fortgesetzte-, man läuft sich ein	Rhus tox.	D12/C30	D12
Konstitution	Art: liebenswürdige Menschen voll unterdrückter Gefühle	Staphisagria	C30	C30
Konstitution	Verlangen nach Reizmitteln (Tabak)	Staphisagria	C30	C30
Konstitution	Abneigung gegen Wasser	Sulfur	C6	C6
Konstitution	Beschwerden (rezidivierend - wiederauftretend)	Sulfur	C6	C6
Konstitution	Verhalten (gleichgültig gegen sein Äußeres, oft schlampige Kleidung)	Sulfur	C6	C6
Kopf	Commotio cerebri (Gehirnerschütterung) - Contusio cerebri	Arnica	D6/C30	D6
Kopf	Gehirnerschütterung	Arnica	D6/C30	D6
Kopf	Commotio cerebri (Gehirnerschütterung) - Contusio cerebri	Hypericum	D6	D6
Kopf	Gehirnerschütterung (Commotio cerebri)	Hypericum	D6	D6
Kopf	Blutwallungen zum Kopf	Lachesis	C30	C30
Kopf	Hirnmüdigkeit	Silicea	C30	C10
Kopf / Schmerzen	Migräne (mit Kälte und Zittern)	Argentum nitr	D12	
Kopf / Schmerzen	Kopfschmerzen (dumpf, drückend, berstend, Stirn und Schläfen)	Bryonia	D6/C30	C6
Kopf / Schmerzen	Kopfschmerzen (starke)	Cimicifuga	D6/C30	
Kopf / Schmerzen	Migräne	Cimicifuga	D6/C30	
Kopf / Schmerzen	Kopfschmerzen	Cocculus	D6/C30	
Kopf / Schmerzen	Migräne	Cocculus	D6/C30	
Kopf / Schmerzen	Kopfschmerzen (durch geistige Überanstrengung)	Coffea	D6	C6

Rubrik	Symptom / Erkrankung	Mittel	Potenz	
Kopf / Schmerzen	**Migräne (als ob ein Nagel in den Kopf getrieben würde)**	Coffea	D6	C6
Kopf / Schmerzen	Trigeminusneuralgie	Coffea	D6	C6
Kopf / Schmerzen	Kopfschmerzen (neuralgisch)	Colocyntis	D6	C6
Kopf / Schmerzen	Kopfschmerzen (klopfend, pulsierend, Druck wie von einer Bleikappe um d. Schädel; Hinterkopfschmerz n. d. Hinlegen mit Schweregefühl)	Eupatorium	D6/C30	D6
Kopf / Schmerzen	Kopfschmerz (katarrhalischer)	Euphrasia	C30	C30
Kopf / Schmerzen	Migräne	Gelsemium	D6/C30	D6
Kopf / Schmerzen	**Kopfschmerzen (besser durch bücken)**	Ignatia	C30	C30
Kopf / Schmerzen	Migräne	Ipecacuanha	D6/C30	
Kopf / Schmerzen	**Kopfschmerz (Stirn, rechte Schläfe - mit Übelkeit)**	Iris	D6	
Kopf / Schmerzen	**Migräne (mit saurem Erbrechen)**	Iris	D6	
Kopf / Schmerzen	Kopfschmerzen (durch Fahren im kalten Wind, beginnt mit Gähnen)	Kalium carb.	C6/C30	
Kopf / Schmerzen	**Kopfschmerz (beim Aufwachen)**	Lachesis	C30	C30
Kopf / Schmerzen	Kopfschmerz	Luffa	D6	
Kopf / Schmerzen	**Kopfschmerzen (Hinterkopf) im Sonnenschein**	Nux vomica	D6/C30	D6
Kopf / Schmerzen	**Migräne**	Nux vomica	D6/C30	D6
Kopf / Schmerzen	Kopfschmerzen	Phosphorus	C30	C30
Kopf / Schmerzen	Kopfschmerzen (migräneartig)	Pulsatilla	D6	D6
Kopf / Schmerzen	**migräneartige Kopfschmerzen**	Pulsatilla	D6/C30	D6
Kopf / Schmerzen	**Kopfschmerzen** - stechend von innen nach außen - Übelkeit, Erbrechen	Sepia	C12/C30	
Kopf / Schmerzen	**Migräne** - stechend von innen nach außen - Übelkeit, Erbrechen	Sepia	C12/C30	
Kopf / Schmerzen	Migräne	Veratrum album	D6/C30	D6
Kostitution	Art (Frauenmittel ,meist brünett, emotional hart u. distanziert, reizbar)	Sepia	C30	
Kostitution	**Verhalten (sportliche Karrierefrau, erschöpfte Hausfrau)**	Sepia	C30	
Krämpfe / Spannungen	**Krämpfe in der Kehle**	Belladonna	D6	C6
Krämpfe / Spannungen	Schluckauf (krampfartiger)	Belladonna	D6	C6

Rubrik	Symptom / Erkrankung	Mittel	Potenz
Krämpfe / Spannungen	**Kieferkrampf**	Cuprum metall	C30
Krämpfe / Spannungen	**Konvulsionen** (Schüttelkrämpfe) beginnend in Finger und Zehen - in der Gesichtsmuskulatur (bläul. Gesicht)	Cuprum metall	C30
Krämpfe / Spannungen	Krämpfe (in jedem Organsystem - besonders in den Handtellern)	Cuprum metall	C30
Krämpfe / Spannungen	**Sohlenkrämpfe - Wadenkrämpfe**	Cuprum metall	C30
Krämpfe / Spannungen	**Spasmen (in jedem Organsystem)**	Cuprum metall	C30
Krämpfe / Spannungen	**Wadenkrämpfe - Sohlenkrämpfe**	Cuprum metall	C30
Krämpfe / Spannungen	**Krämpfe (der Skelett- und glatten Muskulatur)**	Ignatia	C30
Krämpfe / Spannungen	**Speiseröhrenkrampf (mit Globusgefühl)**	Ignatia	C30
Krämpfe / Spannungen	**Krampfmittel** (beim Schreiben, o. Spielen v. Musikinstrumenten)	Magnesium phos	C30
Krämpfe / Spannungen	Scheidenkrampf	Magnesium phos	C30
Krämpfe / Spannungen	**Muskelkrämpfe**	Phytolacca	D4
Krämpfe / Spannungen	**Krämpfe** (der willkürlichen und unwillkürlichen Muskulatur, besonders Streckkrämpfe, in den Beinen beim Gehen)	Secale	C6/C30
Krämpfe / Spannungen	**Spasmen** (der willkürlichen und unwillkürlichen Muskulatur, besonders Streckkrämpfe, in den Beinen beim Gehen)	Secale	C6/C30
Krämpfe / Spannungen	**spastische Verzerrung (im Gesicht)**	Secale	C6/C30
Krämpfe / Spannungen	**Krämpfe in den Extremitäten**	Veratrum album	D6/C30
Krämpfe / Spannungen	**Bauchkrämpfe (plötzlich und kolikartig)**	Viburnum opulus	C30
Krämpfe / Spannungen	**Krämpfe (Bauch, plötzlich und kolikartig)**	Viburnum opulus	C30
Leber / Galle	Gallenkolik	Chamomilla	D6/C30
Leber / Galle	**Gallenkolik**	Colocyntis	D6
Leber / Galle	**Leberschwellung, Lebergebiet schmerzhaft**	Eupatorium	C30
Leber / Galle	**Hepatopathie**	Pulsatilla	D6/C30
Leber / Galle	**Lebererkrankung**	Pulsatilla	D6/C30
Leber / Galle	Gelbsucht (nach Alkoholmißbrauch)	Rumex	D6
Leber / Galle	Hepatopathie	Sepia	C12

Rubrik	Symptom / Erkrankung	Mittel	Potenz
Magen / Darm	Aufstoßen	Argentum nitr	D12
Magen / Darm	**Blähungen (Meteorismus) stark aufgetriebener Bauch**	Argentum nitr	D12
Magen / Darm	Durchfall (Diarrhoe) aus Angst vor bevorstehenden Prüfungen	Argentum nitr	D12
Magen / Darm	**Stuhl (grün) wie gehackter Spinat**	Argentum nitr	D12
Magen / Darm	**Durchfall (Diarrhoe) mit starken Tenesmen**	Aristolochia	D12
Magen / Darm	**Vergiftung (Fleisch, Wurst, Fisch, Muscheln)**	Arsenicum	C30	C6
Magen / Darm	**Erbrechen, leeres Würgen**	Belladonna	D6	C6
Magen / Darm	Diarrhoe, übelriechend und Gastroenteritis	Borax	D4
Magen / Darm	**Durst, extrem** (mit Trockenheit von Lippen, Mund, Zunge u. Hals)	Bryonia	C30	C6
Magen / Darm	Magen (schmerzen, berührungsempfindlich, Druck n.d.E. wie v.Stein)	Bryonia	D6/C30	C6
Magen / Darm	Schmerzen (Magen - berührungsempfindlich)	Bryonia	D6/C30	C6
Magen / Darm	**Übelkeit (und Schwäche beim Aufstehen)**	Bryonia	D6/C30	C6
Magen / Darm	Verstopfung (Stuhl hart und trocken, scheinen zu groß, braun, blutig)	Bryonia	D6/C30	C6
Magen / Darm	Schluckbeschwerden bei Flüssigkeiten	Cantharis	D6/C30	C6
Magen / Darm	Blähungen (Meteorismus), Blähungskolik	Carbo veg	C30	D12
Magen / Darm	Magenkrämpfe	Carbo veg	C30	D12
Magen / Darm	Sodbrennen	Carbo veg	C30	D12
Magen / Darm	Aufstoßen (faulig; sauer)	Chamomilla	D6/C30	C6
Magen / Darm	**durstig**	Chamomilla	D6/C30	C6
Magen / Darm	Erbrechen, (bieteres, galliges)	Chamomilla	D6/C30	C6
Magen / Darm	Magenschmerzen (wie von einem Stein)	Chamomilla	D6/C30	C6
Magen / Darm	**Stuhl (schleimig-grün-stinkend)**	Chamomilla	D6/C30	C6
Magen / Darm	Erbrechen	Cocculus	D6/C30
Magen / Darm	Übelkeit (bereits beim Geruch von Speisen)	Cocculus	D6/C30
Magen / Darm	Verdauungsstörungen (nervöse)	Cocculus	D6/C30
Magen / Darm	**Diarrhoe**	Colocyntis	D6	C6

Rubrik	Symptom / Erkrankung	Mittel	Potenz	
Magen / Darm	**Durchfall**	Colocyntis	D6	C6
Magen / Darm	**Erbrechen (schmerzbedingt)**	Colocyntis	D6	C6
Magen / Darm	**Gastroenteritis**	Colocyntis	D6	C6
Magen / Darm	**Magenschmerzen (als Folge von Erregung)**	Colocyntis	D6	C6
Magen / Darm	Magen-Darm-Koliken (heftig)	Cuprum metall	C30	
Magen / Darm	Übelkeit (stark)	Cuprum metall	C30	
Magen / Darm	Würgereiz	Drosera	C30	
Magen / Darm	Diarrhoe (wässrig-gelb)	Dulcamara	D6/C30	D6
Magen / Darm	Durchfall (wässrig-gelb)	Dulcamara	D6/C30	D6
Magen / Darm	Durst, brennender -, auf kalte Getränke, Widerwille gegen Nahrung;	Dulcamara	C30	D6
Magen / Darm	**Erbrechen (weißer, zäher Schleim) brennender Durst auf kalte Getränke**	Dulcamara	D6/C30	D6
Magen / Darm	Sodbrennen	Dulcamara	D6/C30	D6
Magen / Darm	**Durst (groß)**	Eupatorium	D6/C30	D6
Magen / Darm	Erbrechen von Galle	Eupatorium	D6/C30	D6
Magen / Darm	Schluckauf	Eupatorium	D6	D6
Magen / Darm	**Erbrechen (unverdauter Nahrung)**	Ferrum phos.	D12/C30	D12
Magen / Darm	Stuhl (sauer, weiß, unverdaut, stinkend)	Hepar sulf.	D12/C30	D12
Magen / Darm	Aufstoßen (leer, bitter)	Hyoscyamus	D6	
Magen / Darm	Schluckauf (Aufstoßen, leer, bitter)	Hyoscyamus	D6	
Magen / Darm	**Stuhl (unfreiwilliger Abgang) Durchfall**	Hyoscyamus	D6	
Magen / Darm	Hämorrhoiden	Hypericum	D6	D6
Magen / Darm	Blähungen (Meteorismus),stark	Ignatia	C30	C30
Magen / Darm	**Magenschmerzen (besser durch essen)**	Ignatia	C30	C30
Magen / Darm	Stuhlgang (danach schmerzhafte Einschnürung des Anus)	Ignatia	C30	C30
Magen / Darm	**Diarrhoe (wässrig-gelb-schaumig)**	Ipecacuanha	D6/C30	

Rubrik	Symptom / Erkrankung	Mittel	Potenz
Magen / Darm	**Durchfall (wässrig-gelb-schaumig)**	Ipecacuanha	D6/C30
Magen / Darm	Erbrechen (mit ständiger Übelkeit) ohne Erleichterung, selbst bei leerem Magen	Ipecacuanha	D6
Magen / Darm	Gastroenteritis	Ipecacuanha	D6/C30
Magen / Darm	Stuhl (wie schaumige Melasse)	Ipecacuanha	D6/C30
Magen / Darm	Übelkeit (ständig mit Erbrechen ohne Erleichterung, selbst bei leerem Magen)	Ipecacuanha	D6
Magen / Darm	**Sommerdiarrhoe**	Iris	D6
Magen / Darm	Verstopfung	Iris	**C30**
Magen / Darm	Appetitmangel	Iris	D6
Magen / Darm	Brennen (Verdauungstrakt, Hals, Magen, Anus,)	Iris	D6
Magen / Darm	**Diarrhoe und Sehstörungen**	Iris	D6
Magen / Darm	**Durchfall u. Sehstörungen / Nachtdurchfall mit Schmerz u.grün**	Iris	D6
Magen / Darm	**Sehstörungen und Durchfall**	Iris	D6
Magen / Darm	Aufstoßen, saures-, (Übelkeit)	Kalium carb.	C6/C30
Magen / Darm	Blähungskolik	Kalium carb.	C6/C30
Magen / Darm	Verstopfung	Kalium carb.	C6/C30
Magen / Darm	Diarrhoe (schleimig)	Lachesis	C30
Magen / Darm	Durchfall (schleimig)	Lachesis	C30
Magen / Darm	Hämorrhoiden	Lachesis	C30
Magen / Darm	Schluckschmerzen	Lachesis	C30
Magen / Darm	Stuhl (übelriechend)	Lachesis	C30
Magen / Darm	**Blähungskolik (bei Säuglingen)**	Magnesium phos	C30
Magen / Darm	**Dysmenorrhoe (schmerzhafte Menstruation)**	Magnesium phos	C30
Magen / Darm	Aufstoßen (faulig;)	Mercurius solub.	D12/C30
Magen / Darm	**Colitis ulcerosa**	Mercurius solub.	C30
Magen / Darm	Durst (groß bei feuchtem Mund)	Mercurius solub.	D12/C30

Rubrik	Symptom / Erkrankung	Mittel	Potenz
Magen / Darm	Gastroenteritis	Mercurius solub.	D12/C30
Magen / Darm	Stuhl (grünlich, blutig, schleimig)	Mercurius solub.	D12/C30
Magen / Darm	Stuhl (schleimig-blutig)	Mercurius solub.	D12/C30
Magen / Darm	**Appetitlosigkeit**	Natrium mur	C30 / C30
Magen / Darm	**Heißhunger**	Natrium mur	C30 / C30
Magen / Darm	**Aufstoßen (sauer, bitter)**	Nux vomica	D6/C30 / D6
Magen / Darm	**Beschwerden (nach Arznei- Genußmittelabusus)**	Nux vomica	C30 / D6
Magen / Darm	**Blähungskolik**	Nux vomica	D6/C30 / D6
Magen / Darm	**Erbrechen - Übelkeit - Völlegefühl (morgens n.d.E.)**	Nux vomica	D6/C30 / D6
Magen / Darm	**Erbrechen (durch verdorbenen Magen)**	Nux vomica	D6 / D6
Magen / Darm	**Gastritis**	Nux vomica	D6/C30 / D6
Magen / Darm	**Gastroenteritis**	Nux vomica	D6/C30 / D6
Magen / Darm	**Hämorrhoiden**	Nux vomica	C30 / D6
Magen / Darm	**Magen-Darm-Beschwerden (häufig)**	Nux vomica	D6/C30 / D6
Magen / Darm	**Magengebiet sehr druckempfindlich**	Nux vomica	D6/C30 / D6
Magen / Darm	**Magenschmerzen - Sodbrennen**	Nux vomica	D6/C30 / D6
Magen / Darm	**Sodbrennen**	Nux vomica	D6/C30 / D6
Magen / Darm	**Stuhl: häufig, erfolgloser Drang, o. Abgang v. nur kl. Mengen bei jedem Versuch, Gefühl als ob ein Teil zurückbliebe, Völliges Fehlen von Stuhldrang bedeutet Kontraindikation!**	Nux vomica	D6/C30 / D6
Magen / Darm	**Übelkeit - Erbrechen - Völlegefühl (morgens n.d.E.)**	Nux vomica	D6/C30 / D6
Magen / Darm	**Vergiftung durch Medikamente**	Nux vomica	C30 / D6
Magen / Darm	**Verstopfung (spastisch)**	Nux vomica	D6/C30 / D6
Magen / Darm	**Völlegefühl - Übelkeit - Erbrechen (morgens n.d.E.)**	Nux vomica	D6/C30 / D6
Magen / Darm	**Gastroenteritis (nach dem Genuß verdorbener Speisen)**	Okoubaka	D3
Magen / Darm	**Lebensmittelunverträglichkeit**	Okoubaka	D3
Magen / Darm	**Magen-Darm-Beschwerden (nach Genuß verdorbener Speisen)**	Okoubaka	D3

Rubrik	Symptom / Erkrankung	Mittel	Potenz
Magen / Darm	Magen-Darm-Katarrhe in den Tropen	Okoubaka	D3
Magen / Darm	Vergiftung jeder Art	Okoubaka	D3
Magen / Darm	Heißhunger	Phosphorus	C30
Magen / Darm	Aufstoßen (unverdauter Nahrung - mundvollweise)	Phosphorus	C30
Magen / Darm	Diarrhoe (schmerzlos, schwächend)	Phosphorus	C30
Magen / Darm	Durchfall (schmerzlos, schwächend)	Phosphorus	C30
Magen / Darm	Erbrechen - Übelkeit	Phosphorus	C30
Magen / Darm	Gastritis	Phosphorus	C30
Magen / Darm	Getränke, verlangen nach kalten-, (die aber erbrochen werden)	Phosphorus	C30
Magen / Darm	Heißhunger	Phosphorus	C30
Magen / Darm	Magengeschwür (Ulcus ventriculi et duodeni)	Phosphorus	C30
Magen / Darm	Stuhl (fett, stark stinkend, lang, hart, wie von einem Hund und Winde)	Phosphorus	C30
Magen / Darm	Übelkeit - Erbrechen	Phosphorus	C30
Magen / Darm	Verlangen (nach kalten Getränken, die aber erbrochen werden)	Phosphorus	C30
Magen / Darm	Zwölffingerdarmgeschwür	Phosphorus	C30
Magen / Darm	schlucken (schmerzt)	Phytolacca	D4/C30
Magen / Darm	Gastritis	Pulsatilla	D6/C30
Magen / Darm	Magenschleimhautentzündung	Pulsatilla	D6/C30
Magen / Darm	Erbrechen wie von Kaffeesatz	Pyrogenium	C30
Magen / Darm	Stuhl (Durchfall, schrecklich stinkend, braun-schwarz, unwillkürlich)	Pyrogenium	C30
Magen / Darm	Vergiftungszustände (Sepsis)	Pyrogenium	C30
Magen / Darm	Diarrhoe (blutig-schleimig)	Rhus tox.	D12/C30
Magen / Darm	Durchfall (blutig-schleimig)	Rhus tox.	D12/C30
Magen / Darm	Essen, schläfrig nach dem-,	Rhus tox.	D12/C30
Magen / Darm	Milch, Verlangen nach-,	Rhus tox.	D12/C30
Magen / Darm	Verlangen (nach Milch))	Rhus tox.	D12/C30

Rubrik	Symptom / Erkrankung	Mittel	Potenz
Magen / Darm	Blähsucht	Rumex	D6
Magen / Darm	Diarrhoe (morgens)	Rumex	D6
Magen / Darm	Durchfall (morgens)	Rumex	D6
Magen / Darm	**Diarrhoe (olivgrüner, dünner, fauliger, blutiger Stuhl)**	Secale	C6/C30
Magen / Darm	**Durchfall (olivgrüner, dünner, fauliger, blutiger Stuhl)**	Secale	C6/C30
Magen / Darm	**Heißhunger (aber trotzdem Abmagerung)**	Secale	C6/C30
Magen / Darm	**Magenkrämpfe (heftig, anfallsweise)**	Secale	C6/C30
Magen / Darm	Blähungen	Sepia	C12
Magen / Darm	Gastritis	Sepia	C12
Magen / Darm	Hämorrhoiden	Sepia	C12
Magen / Darm	**Leeregefühl im Magen (nicht erleichtert durch essen)**	Sepia	C12
Magen / Darm	**Magen, im-, (Leeregefühl)(nicht erleichtert durch essen)**	Sepia	C12
Magen / Darm	Verlangen nach Saurem	Sepia	C12
Magen / Darm	Verstopfung	Sepia	C12
Magen / Darm	Analfisur	Silicea	C6
Magen / Darm	**Unverträglichkeit v. alkoholischen Stimulatien**	Silicea	C30
Magen / Darm	Analfistel	Silicea	C6
Magen / Darm	**Stuhl** (geht nur mit Mühe ab) treten teilweise heraus u. schlüpfen zurück	Silicea	C6
Magen / Darm	Blähungen, heiße-,	Staphisagria	C30
Magen / Darm	**Darmlähmung (nach Operation)**	Staphisagria	C30
Magen / Darm	**Verstopfung (Darmerschlaffung)**	Staphisagria	C30
Magen / Darm	**Heißhunger**	Sulfur	C6
Magen / Darm	Analekzem	Sulfur	C6
Magen / Darm	**Anus Rötung**, Jucken und Brennen	Sulfur	C6
Magen / Darm	**Appetitlosigkeit oder Heißhunger**	Sulfur	C6
Magen / Darm	**Diarrhoe morgens - treibt aus dem Bett**	Sulfur	C6

Rubrik	Symptom / Erkrankung	Mittel	Potenz	Potenz
Magen / Darm	**Heißhunger oder Appetitlosigkeit**	Sulfur	C6	C6
Magen / Darm	**Leeregefühl im Magen (um 11 Uhr)**	Sulfur	C6	C6
Magen / Darm	**Milch ist unbekömmlich**	Sulfur	C6	C6
Magen / Darm	Sodbrennen (Übersäuereung des Magens)	Sulfur	C6	C6
Magen / Darm	**Verlangen nach Süßigkeiten (groß)**	Sulfur	C6	C6
Magen / Darm	**Erbrechen**	Tartarus	C30	
Magen / Darm	**Magen-Darmstörung**	Tartarus	C30	
Magen / Darm	**Übelkeit, ständige-,**	Tartarus	C30	
Magen / Darm	**Würgereiz**	Tartarus	C30	
Magen / Darm	**Durchfall (wässrig-mit schwallartiger Entleerung)**	Veratrum album	D6/C30	D6
Magen / Darm	**Durst (auf kaltes Wasser)**	Veratrum album	D6/C30	D6
Magen / Darm	Erbrechen heftig, Übelkeit	Veratrum album	D6/C30	D6
Magen / Darm	**Heißhunger**	Veratrum album	D6/C30	D6
Magen / Darm	**Verstopfung**	Veratrum album	D6/C30	D6
Magen / Darm	Übelkeit (dauernd, Besserung durch Essen)	Viburnum opulus	C30	
Magen / Darm	**Schluckauf**	Zincum val	C2	C2
Magen / Darm	**Appetitlosigkeit** (!Abrotanum - !China - !Ignatia			
Männer / Frauenmittel	Impotenz	Agnus castus	C30	
Männermittel	**Prostatitis**	Euphrasia	C30	C30
Männermittel	**Prostatahypertrophie,**	Staphisagria	C30	C30
Mund / Zähne	**Zahnfleisch (empfindlich, leicht blutend)**	Argentum nitr	D12	
Mund / Zähne	**Zahnschmerzen** - pulsiernder Schmerz	Belladonna	D6	C6
Mund / Zähne	**Aphten (Stomatitis) (Mundfeil - Mundfäule)**	Borax	D4	
Mund / Zähne	Lippen (rissig - trocken)	Bryonia	D6/C30	C6
Mund / Zähne	**Trockenheit (Lippen, Mund, Zunge u. Hals) mit extremem Durst**	Bryonia	D6/C30	C6
Mund / Zähne	**Aphten (Stomatitis) (Mundfeil - Mundfäule)**	Cantharis	C30	C6

Rubrik	Symptom / Erkrankung	Mittel	Potenz	
Mund / Zähne	**Mundfäule - Mundfeil - Stomatitis, Aphten**	Cantharis	C30	C6
Mund / Zähne	**Stomatitis (Aphten)(Mundfeil - Mundfäule)**	Cantharis	C30	C6
Mund / Zähne	Aphten (Stomatitis) (Mundfeil - Mundfäule)	Caulophyllum	C30	
Mund / Zähne	Mundfäule - Mundfeil - Stomatitis, Aphten	Caulophyllum	C30	
Mund / Zähne	Stomatitis (Aphten)(Mundfeil - Mundfäule)	Caulophyllum	C30	
Mund / Zähne	Zahn- und Kieferschmerzen (Stiche)	Chamomilla	D6/C30	C6
Mund / Zähne	**Zahnungsbeschwerden**	Chamomilla	C30	C6
Mund / Zähne	Speichel - zäh, seifig	Dulcamara	D6/C30	D6
Mund / Zähne	**Mund: Risse in Mundecken**	Eupatorium	D6	D6
Mund / Zähne	**Risse in den Mundecken**	Eupatorium	D6	D6
Mund / Zähne	Zunge (taub, dick, zitternd)	Gelsemium	D6/C30	D6
Mund / Zähne	**beißt leicht auf die Wangeninnenseite**	Ignatia	C30	C30
Mund / Zähne	Speichel (dauernd reichlich)	Ignatia	C30	C30
Mund / Zähne	**Speichelfluß (stark)**	Ipecacuanha	D6/C30	
Mund / Zähne	**Speichelfluß (stark, fädig)**	Iris	D6	
Mund / Zähne	**Aphten (Stomatitis) (Mundfeil - Mundfäule)**	Lachesis	C30	C30
Mund / Zähne	**Mundfäule - Mundfeil - Stomatitis, Aphten**	Lachesis	C30	C30
Mund / Zähne	**Stomatis ulcerosa - Aphten - Mundfäule - Mundfeil**	Lachesis	C30	C30
Mund / Zähne	**Zahnfleisch (geschwollen, schwammig, blutend)**	Lachesis	C30	C30
Mund / Zähne	Zahnschmerz (strahlt zu den Ohren)	Lachesis	C30	C30
Mund / Zähne	Zahnschmerzen	Magnesium phos	C30	
Mund / Zähne	**Zahnungsbeschwerden bei Säuglingen**	Magnesium phos	C30	
Mund / Zähne	Aphten (Stomatitis) (Mundfeil - Mundfäule)	Mercurius solub.	D12/C30	
Mund / Zähne	**Mundfäule - Mundfeil - Stomatitis, Aphten**	Mercurius solub.	D12/C30	
Mund / Zähne	Paodontose	Mercurius solub.	D12/C30	
Mund / Zähne	**Speichelfluß (reichlich)**	Mercurius solub.	D12	

157

Rubrik	Symptom / Erkrankung	Mittel	Potenz
Mund / Zähne	Stomatis ulcerosa - Aphten - Mundfäule - Mundfeil	Mercurius solub.	D12/C30
Mund / Zähne	Zunge (Furche in Längsrichtung, Zahneindrücke, gelb, feucht)	Mercurius solub.	D12/C30
Mund / Zähne	Zunge (Zahnabdrücken, dick belegt)	Mercurius solub.	C30
Mund / Zähne	Zahnfleischblutungen	Phosphorus	C30 C30
Mund / Zähne	Zunge (trocken, glatt wie poliert, rissig)	Pyrogenium	C30
Mund / Zähne	Karies	Silicea	C6/C30 C10
Mund / Zähne	Gefühl eines Haares auf der Zunge	Silicea	C6 C10
Mund / Zähne	Paodontose	Silicea	C6 C10
Mund / Zähne	Zahnfleischentzündungen	Silicea	C6 C10
Mund / Zähne	Zunge (Gefühl eines Haares)	Silicea	C6 C10
Mund / Zähne	Speichelfluß	Staphisagria	C30 C30
Mund / Zähne	Zahnschmerz (während der Menses)	Staphisagria	C30 C30
Mund / Zähne	Speichelfluß (reichlich)	Veratrum album	D6/C30 D6
Muskel	Lähmung, motorische (verschiedene Grade u. Muskelgruppen)	Gelsemium	C30 D6
Muskel	Muskel (motorische Lähmung versch. Grade)	Gelsemium	C30 D6
Muskel	Muskelschwäche	Gelsemium	C6 D6
Muskel / Knochen	Reißen und Steifheit in Muskeln und Gelenken	Mercurius solub.	D12/C30
Muskel / Schmerzen	Muskelkater	Arnica	D6 D6
Muskel / Zuckungen	Zuckungen und Verkrampfungen fast jeder Muskelgruppe	Agaricus	C30
Muskel / Zuckungen	Zuckungen der Muskeln	Gelsemium	D6/C30 D6
Muskel / Zuckungen	Zuckungen (tremor)	Hyoscyamus	D6
Muskel / Zuckungen	Zuckungen (der Muskeln im Gesicht und Lippen) (beim Einschlafen)	Ignatia	C30 C30
Muskel / Zuckungen	Zucken der Lider	Magnesium phos	C30
Muskeln / Nerven	zittern am ganzen Körper und große Schwäche	Cimicifuga	D6/C30
Muskeln / Nerven	Beine und Rücken geben nach	Kalium carb.	C6/C30
Muskeln / Nerven	Tremor der Extremitäten, insbesondere der Hände	Mercurius solub.	C30

Rubrik	Symptom / Erkrankung	Mittel	Potenz	
Muskeln / Nerven	Zittern (überall)	Mercurius solub.	D12/C30	
Muskeln / Sehnen	Muskeln und Sehnen, Übersanstrengung von-,	Rhus tox.	D12	D12
Muskeln / Sehnen	Zuckungen und Konvulsionen und Schmerz	Belladonna	D6	C6
Muskeln / Zuckungen				
Nase	Nasenbluten, häufig (wenn Menses kommen sollte)	Bryonia	C30	C6
Nase	Schnupfen (empfindlich gegen alle Gerüche)	Chamomilla	D6/C30	C6
Nase	Nasenbluten	Drosera	C30	
Nase	Schnupfen (trocken, verstopft bei kaltem Regen)	Dulcamara	D6	D6
Nase	Schnupfen (Fließ-) starker; heftigem Husten u. massenhaft Auswurf	Euphrasia	C30	C30
Nase	Nasenblutungen (hellrotes Blut)	Ferrum phos.	D12	D12
Nase	Nase (Schnupfen eitrig) Rhinitis - Sinusitis	Hepar sulf.	D12	D12
Nase	Nasenbluten - Niesanfälle	Lachesis	C30	C30
Nase	Niesanfälle - Nasenbluten	Lachesis	C30	C30
Nase	Schnupfen (allergischer und chronischer)	Luffa	D6	
Nase	Sinusitis, allergische u. chron. Rhinitis	Luffa	D6	
Nase	Nasenöffnungen wund geschwürig	Mercurius solub.	D12/C30	
Nase	Nasenbluten	Phosphorus	C30	C30
Nase	Nasenbluten statt Menses	Phosphorus	C30	C30
Nase	Nasenbluten (beim Bücken)	Rhus tox.	D12/C30	D12
Nase	Nasenspitze (rot, wund)	Rhus tox.	D12/C30	D12
Nase	Nasenbluten (sickerndes)	Secale	C6/C30	
Nase	Nase (dicke , grünliche Absonderung)	Sepia	C12	
Nerven	Nerven (Missempfindung - Taubheitsgefühl)	Aconitum	C30	C6
Nerven	Parästhesien - Taubheitsgefühl - Missempfindung	Aconitum	C30	C6
Nerven	Ischialgie	Cocculus	D6	
Nerven	Taubheitsgefühl (Hände und Füße)	Cocculus	D6/C30	
Nerven	Nervenlähmung	Gelsemium	C30	D6

159

Rubrik	Symptom / Erkrankung	Mittel	Potenz	
Nerven	**Paresen** - Nervenlähmung	Gelsemium	C30	D6
Nerven	**Nervenverletzungen**	Hypericum	D6	D6
Nerven	**Nervus opticus (Atrophie,- Rückbildung)**	Phosphorus	C30	C30
Nerven	Taub werden Arme und Hände	Phosphorus	C30	C30
Nerven	**Ischialgie**	Rhus tox.	D12/C30	D12
Nerven	**Neuralgien**	Rhus tox.	D12	D12
Nerven	**Nerven** (Missempfindung - Taubheitsgefühl)	Secale	C6/C30	
Nerven	**Parästhesien** - Taubheitsgefühl - Missempfindung	Secale	C6/C30	
Nerven	Taubheitsgefühl	Secale	C6/C30	
Nerven	Übererregbarkeit	Hyoscyamus	D6	
Nerven	Zittern	Veratrum album	D6/C30	D6
Nerven / Knochen	**Lumbago**	Rhus tox.	D12/C30	D12
Nerven / Psyche	**Angst** (groß) akut -Vorahnungen; fürchtet den Tod; fürchtet die Zukunft;	Aconitum	D6	C6
Nerven / Psyche	**Angst (groß) chronisch** - Angst u Sorge begleitet jede Beschwerde	Aconitum	C30	C6
Nerven / Psyche	**Panikzustände; Todesahnung (sagt seine Todesstd.voraus)**	Aconitum	D6	C6
Nerven / Psyche	**Ruhelosigkeit**	Aconitum	C30	C6
Nerven / Psyche	**Schreckfolgen**	Aconitum	C3	C6
Nerven / Psyche	**Angst, große** (vor dem Tod, u.alleingelassen werden), **u.Schweiß**	Arsenicum	C30	C6
Nerven / Psyche	**Unruhe**	Arsenicum	C30	C6
Nerven / Psyche	**Schlaf:** unruhig, fährt hoch beim Augenschließen bzw. während d. Schlafes, schreit auf;	Belladonna	D6/C30	C6
Nerven / Psyche	Unruhe	Belladonna	D6/C30	C6
Nerven / Psyche	**Zähneknirschen** (Zunge geschwollen und schmerzhaft)	Belladonna	C30	C6
Nerven / Psyche	**Bett - Kinder wollen sich nicht ins Bett legen lassen**	Borax	D4	
Nerven / Psyche	**Furcht und Ängstlichkeit (große) vor Abwärtsbewegungen**	Borax	D4	
Nerven / Psyche	**Stimmung, übellaunig, verdrießlich**	Borax	D4	
Nerven / Psyche	nervöse Erregung, große- ; Ruhelosigkeit	Coffea	D6	C6

Rubrik	Symptom / Erkrankung	Mittel	Potenz	
Nerven / Psyche	Ruhelosigkeit - große, nervöse Erregung	Coffea	D6	C6
Nerven / Psyche	nervös - gehetzt - arbeitswütig - reizbar - ehrgeizig - jähzornig	Nux vomica	D6/C30	D6
Nerven / Schmerzen	Hexenschuß	Cimicifuga	D6	
Nerven / Schmerzen	Nervenschmerzen	Coffea	D6	C6
Nerven / Schmerzen	Neuralgien (im Rahmen von Verletzungen oder Operationen)	Hypericum	D6	D6
Nerven / Schmerzen	Trigeminusneuralgie	Iris	D6	
Nerven / Schmerzen	Trigeminusneuralgie links	Lachesis	C30	C30
Nerven / Schmerzen	Ischias / Lumbago	Ledum	C30	C30
Nerven / Schmerzen	Lumbago / Ischias	Ledum	C30	C30
Nerven / Schmerzen	Gesichtsneuralgie	Magnesium phos	C30	
Nerven / Schmerzen	Ischias	Magnesium phos	C30	
Nerven / Schmerzen	Neuralgiemittel	Magnesium phos	C30	
Nerven / Schmerzen	Nervenschmerzen	Rhus tox.	D12	D12
Nerven / Zuckungen	Muskelzuckungen	Cuprum metall	C30	
Nerven / Zuckungen	Zuckungen und Konvulsionen	Cuprum metall	C30	
Niere / Blase / Harnwege	Nierenversagen, akut	Apis mellifica	D6/C30	C6
Niere / Blase / Harnwege	Reizblase	Aristolochia	C30	
Niere / Blase / Harnwege	Nierenkolik	Belladonna	D6	C6
Niere / Blase / Harnwege	Blasenentzündung (Brennender Schmerz beim Wasserlassen)	Cantharis	D6	C6
Niere / Blase / Harnwege	Harndrang u.brennende,schneidende Schmerzen beim Wasserlassen	Cantharis	D6	C6
Niere / Blase / Harnwege	Harnwegsinfekt	Cantharis	D6	C6
Niere / Blase / Harnwege	Nierenentzündungen / Nierenbeckenentzündung	Cantharis	D6	C6
Niere / Blase / Harnwege	Schmerzen beim Wasserlassen und Brennen	Cantharis	D6	C6
Niere / Blase / Harnwege	Wasserlassen tropfenweise	Cantharis	D6/C30	C6
Niere / Blase / Harnwege	Blasenkrämpfe nach Operationen	Colocyntis	D6	C6
Niere / Blase / Harnwege	Nierenkolik	Colocyntis	D6	C6

Rubrik	Symptom / Erkrankung	Mittel	Potenz	
Niere / Blase / Harnwege	Wasserlassen, klebrig, stinkend, kl. Menge, häufig Drang, jucken	Colocyntis	D6	C6
Niere / Blase / Harnwege	Blasenentzündung (Urin dickes, schleimiges, eitriges Sediment, Harnzwang)	Dulcamara	D6/C30	D6
Niere / Blase / Harnwege	Urin (übelriechend,dickes,schleimiges, eitriges Sediment, Harnzwang)	Dulcamara	D6/C30	D6
Niere / Blase / Harnwege	**Bettnässen, Einnässen (tagsüber)**	Ferrum phos.	C30	D12
Niere / Blase / Harnwege	**Einnässen, Bettnässen tagsüber**	Ferrum phos.	C30	D12
Niere / Blase / Harnwege	Inkontinenz - Urinverlust (Urin spritzt bei jedem Husten heraus)	Ferrum phos.	C30	D12
Niere / Blase / Harnwege	Urinverlust - Urinverlust (Urin spritzt bei jedem Husten heraus)	Ferrum phos.	C30	D12
Niere / Blase / Harnwege	Harnflut	Gelsemium	D6/C30	D6
Niere / Blase / Harnwege	**Urin (unfreiwilliger Abgang)**	Hyoscyamus	D6	
Niere / Blase / Harnwege	**Harnleiterentzündung (mit eitriger Absonderung)**	Mercurius solub.	D12/C30	
Niere / Blase / Harnwege	Blasenentzündung	Nux vomica	D6/C30	D6
Niere / Blase / Harnwege	Bettnässen, Einnässen	Sepia	C12	
Niere / Blase / Harnwege	Blasenentzündung / Zystitis	Sepia	C12	
Niere / Blase / Harnwege	Einnässen, Bettnässen	Sepia	C12	
Niere / Blase / Harnwege	Harndrang (häufiger)	Sepia	C12	
Niere / Blase / Harnwege	Harninkontinenz	Sepia	C12	
Niere / Blase / Harnwege	Blasenentzündung	Staphisagria	C30	C30
Niere / Blase / Harnwege	Reizblase (nach Geschlechtsverkehr)	Staphisagria	C30	C30
Niere / Blase / Harnwege	Harndrang (häufiger, kann Wasser beim Husten o. Gehen nicht halten)	Viburnum opulus	C30	
Ödeme	**Schwellung der Haut u.Bindehäute (zum Zerreißen gespannt)**	Apis mellifica	D6/C30	C6
Ödeme / Augen	**Augenlider - Ödemneigung**	Kalium carb.	C6/C30	
Ödeme / Augen	**Ödemneigung an den Augenlider**	Kalium carb.	C6/C30	
Ohren	**Otitis media (Mittelohrentzündung)**	Aconitum	D5	C5
Ohren	**Mittelohrentzündung (Otitis media)**	Apis mellifica	D6/C30	C6
Ohren	**Otitis media (Mittelohrentzündung)**	Apis mellifica	D6/C30	C6

Rubrik	Symptom / Erkrankung	Mittel	Potenz	
Ohren	Ohrgeräusche (Tinnitus)	Arnica	D6/C30	D6
Ohren	Tinnitus (Ohrgeräusche)	Arnica	D6/C30	D6
Ohren	**Otitis media (Mittelohrentzündung)**	Belladonna	D6	C6
Ohren	Ohrenschmerzen bei Kindern mit einseitiger Rötung (Wange, Ohr)	Chamomilla	D6/C30	C6
Ohren	Ohrenschmerzen mit Wundsein; stechend, Gefühl von Verstopfung;	Chamomilla	D6/C30	C6
Ohren	Ohrgeräusche (klingeln)	Chamomilla	D6/C30	C6
Ohren	taub (gefühllos)	Chamomilla	D6/C30	C6
Ohren	Ohrerkrankungen (Tubenkatarrh, Otitis media-Mittelohrentzündung)	Ferrum phos.	D12/C30	D12
Ohren	**Tubenkatarrh - Mittelohrentzündung**	Ferrum phos.	D12/C30	D12
Ohren	**Mittelohrvereiterung (Otitis media - eitrig)**	Hepar sulf.	D12	D12
Ohren	**Ohrerkrankungen (Otitis media-Mittelohrentzündung eitrig)**	Hepar sulf.	D12	D12
Ohren	Pfeifen und pulsieren in den Ohren mit Hörstörungen	Hepar sulf.	D12/C30	D12
Ohren	Tinnitus (Ohrgeräusche) u. pulsieren mit Hörstörungen	Hepar sulf.	D12/C30	D12
Ohren	**Klingeln, Dröhnen, Summen in den Ohren mit Taubheit**	Iris	D6	
Ohren	**Ohren (klingeln, dröhnen, summen mit Taubheit**	Iris	D6	
Ohren	**Tinnitus (Ohrgeräusche) mit Taubheit**	Iris	D6	
Ohren	**Mittelohrvereiterung (Otitis media)**	Mercurius solub.	D12	
Ohren	**Otitis media (Mittelohrentzündung)**	Mercurius solub.	D12	
Ohren	Mittelohrentzündung	Pulsatilla	D6/C6	D6
Ohren	**Ohrenschmerzen (bei Kindern)**	Pulsatilla	D6	D6
Ohren	Otitis media (Mittelohrentzündung)	Pulsatilla	D6/C6	D6
Ohren	**Ohren (Stiche in Ohren hineinziehend b Schlucken bes. li)**	Staphisagria	C30	C30
Ohren	Ohrgeräusche (zischen)	Sulfur	C6	C6
Ohren	Taubheit (vorher sehr empfindliches Gehör)	Sulfur	C6	C6
Ohren	Tinnitus (zischen)	Sulfur	C6	C6
Ohren / Schmerzen	Schmerzen (Ohren) mit Wundsein; stechend, Gefühl v. Verstopfung;	Chamomilla	D6/C30	C6

Rubrik	Symptom / Erkrankung	Mittel	Potenz
Psyche	Verstand - fürchtet zu verlieren	Alumina	C30
Psyche	Erwartungsspannung	Argentum nitr	D12
Psyche	Gedächtnisschwäche	Argentum nitr	D12
Psyche	**Angst und Furcht**	Belladonna	C6
Psyche	**beißt, wütet, schlägt**	Belladonna	C6
Psyche	**Halluzinationen, Wahnideen**	Belladonna	C6
Psyche	**Tobsuchtsanfälle**	Belladonna	C6
Psyche	**Wutanfälle wütet, rast, beißt, schlägt**	Belladonna	C6
Psyche	reizbar (will nach Hause gehen; redet von Geschäften)	Bryonia	C6
Psyche	**Getragen (will getragen werden)**	Chamomilla	C6
Psyche	**Reizbarkeit**	Chamomilla	C6
Psyche	**Übellaunigkeit, Unruhe und Kolik**	Chamomilla	C6
Psyche	**Ungeduld und schlechte Laune**	Chamomilla	C6
Psyche	**Verzweifelt**	Chamomilla	C6
Psyche	Depressionen starke (mit Träumen von bevorstehendem Unheil)	Cimicifuga	C6/C30
Psyche	Ruhelosigkeit - Bewegungsdrang	Cimicifuga	C6
Psyche	**Lampenfieber (Prüfungsangst) mit Zittern**	Gelsemium	D6
Psyche	**Prüfungsangst (Lampenfieber) mit Zittern**	Gelsemium	D6
Psyche	Eifersucht	Hyoscyamus	D6
Psyche	**Flockenlesen**	Hyoscyamus	D6
Psyche	**Halluzinationen, Wahnideen**	Hyoscyamus	D6
Psyche	lachen, geneigt, über alles zu-;	Hyoscyamus	D6
Psyche	**Manie einer streitsüchtigen und obszönen Art**	Hyoscyamus	D6
Psyche	**streitsüchtige und obszöne Art,**	Hyoscyamus	D6
Psyche	Verhaltensstörungen (bei Kinder)	Hyoscyamus	D6
Psyche	**Depressionen**	Hypericum	D6

Rubrik	Symptom / Erkrankung	Mittel	Potenz	
Psyche	**Melancholie**	Hypericum	D6	D6
Psyche	**depressive Verstimmung - seufzen und schluchzen**	Ignatia	C30	C30
Psyche	**Gemüt:** introvertiert,traurig,tränenreich,melancholisch,verschlossen	Ignatia	C30	C30
Psyche	**Globus hystericus (Kloß im Hals)**	Ignatia	C30	C30
Psyche	**Hysterie (Wutausbrüche aus unbedeutendem Anlaß, Lach- u. Weinkrämpfe)**	Ignatia	C30	C30
Psyche	**Kummer** (still,nach vorausgegangener Enttäuschung,Liebeskummer)	Ignatia	C30	C30
Psyche	**Kummerarznei (Beschwerden ausgelöst durch Kummer)**	Ignatia	C30	C30
Psyche	**Nervenzusammenbruch (hysterisch)**	Ignatia	C30	C30
Psyche	**Widersprüche große und paradoxe Symptomatik**	Ignatia	C30	C30
Psyche	**Angstgefühl (im Magen)**	Kalium carb.	C6/C30	
Psyche	**Argwohn**	Lachesis	C30	C30
Psyche	**depressive Verstimmung**	Lachesis	C30	C30
Psyche	**Eifersucht**	Lachesis	C30	C30
Psyche	**Neid**	Lachesis	C30	C30
Psyche	**Redelust - Redseeligkeit**	Lachesis	C30	C30
Psyche	**Depressionen**	Natrium mur	C30	C30
Psyche	Kummer	Natrium mur	C30	C30
Psyche	**Verhalten** (verlangen nach Reizmittel, nervös, gehetzt, arbeitswütig, reizbar, ehrgeizig, jähzornig, ungeduldig, mürrisch, nörgelnd)	Nux vomica	D6/C30	D6
Psyche	**Angst vor dem Alleinsein**	Phosphorus	C30	C30
Psyche	beeinflußbar	Phosphorus	C30	C30
Psyche	**Erregbarkeit (große, nervöse)**	Phosphorus	C30	C30
Psyche	Extrovertiert (sprühende Menschen)	Phosphorus	C30	C30
Psyche	**Melancholie**	Pulsatilla	C30	D6
Psyche	**Stimmung (wechselhaft, launenhaft)**	Pulsatilla	C30	D6

Rubrik	Symptom / Erkrankung	Mittel	Potenz	
Psyche	**Weinerlichkeit (bei Krankheit)**	Pulsatilla	C30	D6
Psyche	**Zuneigung (Kinder hängen sehr an der Mutter)**	Pulsatilla	C30	D6
Psyche	**Angst extrem**	Pyrogenium	C30	
Psyche	**Geschwätzigkeit (groß)**	Pyrogenium	C30	
Psyche	**Vorstellungen, unsinnige-,**	Pyrogenium	C30	
Psyche	Ängste, große-, (nachts - kann nicht im Bett bleiben)	Rhus tox.	C30	D12
Psyche	Angstgefühl	Secale	C6/C30	
Psyche	**Angst, große (vor dem Alleinsein)**	Sepia	C30	
Psyche	**Depressive Verstimmung - Depressionen**	Sepia	C30	
Psyche	**Entschlossenheit, Mangel an moralischer u. physischer-,**	Silicea	C30	C10
Psyche	**Mangel an moralischer u. physischer Entschlossenheit**	Silicea	C30	C10
Psyche	**Wutausbrüche (gewaltsame)**	Staphisagria	C30	C30
Psyche	**Angst um die Gesundheit**	Sulfur	C6	C6
Psyche	**Flockenlesen**	Veratrum album	C30	D6
Psyche	**Gleichgültigkeit, mürrische-,**	Veratrum album	C30	D6
Psyche	**Hochmut**	Veratrum album	C30	D6
Psyche	**Manie (affektive Psychose)**	Veratrum album	C30	D6
Psyche	**Wahnvorstellungen, besonders bezügl. Der Religion**	Veratrum album	C30	D6
Reisekrankheit	**Reisekrankheit**	Cocculus	D6	
Reisekrankheit	**Übelkeit durch Autofahren**	Cocculus	D6	
Rekonvaleszenz	**Erholung** (Personen, die sich nie völlig von den Wirkungen einer vorangegangenen Krankheit erholt haben)	Carbo veg	C30	D12
Rekonvaleszenz	**Genesung** (Personen, die sich nie völlig von den Wirkungen einer vorangegangenen Krankheit erholt haben)	Carbo veg	C30	D12
Rekonvaleszenz	**Rekonvaleszenz** (Personen, die sich nie völlig von den Wirkungen einer vorangegangenen Krankheit erholt haben)	Carbo veg	C30	D12
Rheuma	**Rheumatismus (entzündlicher)**	Apis mellifica	D6/C30	C6

Rubrik	Symptom / Erkrankung	Mittel	Potenz	
Rheuma	Rheumatismus (Muskel und Gelenke)	Arnica	C30	D6
Rheuma	**Arthritis**	Bryonia	D6/C30	C6
Rheuma	Rheuma der kleinen Gelenke	Caulophyllum	C30	
Rheuma	**rheumatische Beschwerden (bei feuchter Kälte)**	Dulcamara	D6/C30	D6
Rheuma	Rheumatische Beschwerden	Kalium carb.	C6/C30	
Rheuma	**Gichtanfall (schwer zu helfen)**	Ledum	D6	C30
Rheuma	**Rhematismus** (beginnt in den Füßen geht nach oben, kreuzweise auftretend z.B. re.Schulter li. Hüfte)	Ledum	C30	C30
Rheuma	Rheumatische Beschwerden (Muskelrheuma)	Nux vomica	D6/C30	D6
Rheuma	**Polyarthritis**	Phytolacca	D4/C30	
Rheuma	**Rheuma (Muskel u. Gelenke)**	Phytolacca	D4/C30	
Rheuma	**Gicht**	Rhododendron	C30	
Rheuma	**Arthritis**	Rhus tox.	D12	D12
Rheuma	**Rheuma (Muskel u. Gelenke)**	Rhus tox.	D12	D12
Rheuma	Rheuma (Muskel u. Gelenke)	Sulfur	C6	C6
Schlaf	Schlaflosigkeit	Cimicifuga	D6/C30	
Schlaf	Schlaflosigkeit (infolge geistiger Aktivität-gestört d. Jucken im Anus)	Coffea	D6	C6
Schlaf	**Schlaflosigkeit (infolge infolge Kummer, Sorgen)**	Ignatia	C30	C30
Schlaf	schlaflos durch Verdauungsbeschwerden	Magnesium phos	C30	
Schlaf	Schlaf (unruhig, erwacht gegen 4 Uhr u. morgens unausgeschlafen)	Nux vomica	D6/C30	D6
Schlaf	**Schlaf (Katzenschlaf)**	Sulfur	C6	C6
Schlaf	Schlaf (leicht, schnell zu stören)	Sulfur	C6	C6
Schlaf	**Schlafstörungen**	Zincum val.	C2	C2
Schmerzen	**Neuralgien, Neuritiden akut**	Aconitum	D6	C6
Schmerzen	**Neuralgien, Neuritiden chronisch**	Aconitum	C30	C6
Schmerzen	**Schmerzen (ziehend, schießend, krampfartig) akut**	Aconitum	D6	C6

Rubrik	Symptom / Erkrankung	Mittel	Potenz
Schmerzen	**Schmerzen (ziehend, schießend, krampfartig) chronisch**	Aconitum	C30 / C6
Schmerzen	Amputationsneuralgie	Allium cepa	C30
Schmerzen	Schmerzen (brennend, stechend)	Apis mellifica	D6/C30 / C6
Schmerzen	**Schmerzen (Gelenke - Klimakterisch)**	Aristolochia	C30
Schmerzen	**Schmerzen, brennende**	Arsenicum	C30 / C6
Schmerzen	Kopfschmerzen	Belladonna	D6 / C6
Schmerzen	**Schmerzen (neuralgisch) die plötzlich kommen und gehen**	Belladonna	D6 / C6
Schmerzen	Schmerzen im Oberbauch	Belladonna	D6/C30 / C6
Schmerzen	**Schmerzen, krampfartige an allen Hohlorganen (plötzlich)**	Belladonna	D6 / C6
Schmerzen	Trigeminusneuralgie	Belladonna	D6 / C6
Schmerzen	Schmerzen (stechend)	Bryonia	D6/C30 / C6
Schmerzen	Schmerzen der kleinen Gelenke	Caulophyllum	C30
Schmerzen	Schmerzen (Magen - wie von einem Stein)	Chamomilla	D6/C30 / C6
Schmerzen	**Schmerzen (plötzlich u. scheinbar unerträglich)**	Chamomilla	D6/C30 / C6
Schmerzen	Schmerzen (Zahn- und Kiefer - Stiche)	Chamomilla	D6/C30 / C6
Schmerzen	**Schmerz (quer durch das Becken v. Hüfte zu Hüfte**	Cimicifuga	D6
Schmerzen	Schmerz und Erregung	Cimicifuga	C6/C30
Schmerzen	Schmerzen (Muskel-, krampfartige, nervöse)	Cimicifuga	D6
Schmerzen	Schmerzen (Rücken - Wirbelsäule)	Cimicifuga	C30
Schmerzen	Schmerzen (im Kreuz, Schultern u. Armen wie Prellung)	Cocculus	D6
Schmerzen	Schmerzen (im Leistenring)	Cocculus	D6
Schmerzen	Schmerzen (Nerven, Trigeminus) - treiben zur Verzweiflung	Coffea	D6 / C6
Schmerzen	Schmerzen (kolik-, krampfartig d.Hohlorgane, Bauchkrümmen)	Colocyntis	D6 / C6
Schmerzen	Schmerzen beim Wasserlassen im ganzen Bauch	Colocyntis	D6 / C6
Schmerzen	Schmerzen (stechend in der Brust)	Drosera	C30
Schmerzen	Schmerz (schneidend - um den Nabel)	Dulcamara	D6 / D6

Rubrik	Symptom / Erkrankung	Mittel	Potenz	
Schmerzen	**Schmerzen (Lebergebiet)**	Eupatorium	C30	D6
Schmerzen	Schmerzen, Glieder-; Fieber, Zerschlagenheitsgefühl	Eupatorium	D6/C30	D6
Schmerzen	**Schmerz (bei Berührung)**	Ferrum phos.	D12/C30	D12
Schmerzen	Schmerz (Hinterkopf,Schläfenschmerz in Ohr,Nase,Kinn ausstrahlend)	Gelsemium	D6/C30	D6
Schmerzen	Schmerzen (Splitterschmerz in den entzündeten Teilen)	Hepar sulf.	D12/C30	D12
Schmerzen	**Schmerzen (Nervenschädigung, Steißbeinverletzung)**	Hypericum	D6	D6
Schmerzen	Schmerzen (Hals, Magen, Anus,Darm, Ischias, li. Hüftgelenk bis Knie)	Iris	D6	
Schmerzen	**Schmerzen (heftig und schneidend) pulsierend**	Kalium carb.	C6/C30	
Schmerzen	Schmerzen (schlucken, Zähne, Nerven)	Lachesis	C30	C30
Schmerzen	**Schmerzen (schießen in die Gelenke)**	Ledum	D6	C30
Schmerzen	Intercostalneuralgie	Magnesium phos	C30	
Schmerzen	Kolikartige Schmerzen an allen Hohlorganen - Blähungen extrem	Magnesium phos	C30	
Schmerzen	**Nabel- u. Blähungskoliken bei Säuglingen**	Magnesium phos	C30	
Schmerzen	**Schmerzen** (Art: heftig, krampfartig, stechend, schießend, wie mit einem Messer, plötzl., blitz- o. anfallsartig, minuten- o. stundenlang)	Magnesium phos	C30	
Schmerzen	Schmerzen (Ort: Magen, Darm, Uterus, Zahn, Ovarien, Ischias)	Magnesium phos	C30	
Schmerzen	Rückenschmerzen	Nux vomica	D6/C30	D6
Schmerzen	Schmerzen (brennend, zwischen den Schulterblättern)	Phosphorus	C30	C30
Schmerzen	Schmerzen (Augen,Hals,Muskel,Gelenke,beim Stillen,beim schlucken)	Phytolacca	D4	
Schmerzen	**Schmerzen (Muskeln, Gelenke, Nerven)**	Rhus tox.	D12	D12
Schmerzen	Schmerzen (Lebergebiet, Rücken- und Kreuzschmerzen)	Sepia	C12	
Schmerzen	Schmerzen (Bauch, Kreuz- u. Schambein, Rücken in die Lenden)	Viburnum opulus	C30	
Schwangerschaft / Entbind.	**Todesfurcht unter der Geburt**	Aconitum	C30	C6
Schwangerschaft / Entbind.	**Fluor (Scheidensekret)**	Aristolochia	C30	
Schwangerschaft / Entbind.	**Lochialstau (Wochenfluß - Stau)**	Aristolochia	D12	

Rubrik	Symptom / Erkrankung	Mittel	Potenz	
Schwangerschaft / Entbind.	**Wehenschwäche**	Aristolochia	D12	
Schwangerschaft / Entbind.	**Entbindung**	Arnica	D6/C30	D6
Schwangerschaft / Entbind.	Kindbettkrämpfe	Cantharis	D6/C30	C6
Schwangerschaft / Entbind.	Magenstörungen bei Schwangerschaft	Cantharis	C30	C6
Schwangerschaft / Entbind.	**Abort, drohender**	Caulophyllum	C6	
Schwangerschaft / Entbind.	Wehen (Schmerzen fehlen, Patientin ist erschöpft u. aufgeregt)	Caulophyllum	C30	
Schwangerschaft / Entbind.	**Wehenschwäche**	Caulophyllum	D4	
Schwangerschaft / Entbind.	**Wehenschmerzen spastisch**	Chamomilla	D6/C30	C6
Schwangerschaft / Entbind.	**Krampfwehen**	Cimicifuga	C6/C30	
Schwangerschaft / Entbind.	**Nachwehen**	Cimicifuga	C6/C30	
Schwangerschaft / Entbind.	**Hyperemesis gravidarum**	Cocculus	D6	
Schwangerschaft / Entbind.	Schwangerschaftserbrechen metallischer Geschmack, Schluckauf	Cocculus	D6	
Schwangerschaft / Entbind.	**Wehen, sich hinziehende**	Cuprum acet	D4	
Schwangerschaft / Entbind.	**Nachwehen**	Cuprum metall	C30	
Schwangerschaft / Entbind.	**Schwangerschaftserbrechen**	Ipecacuanha	D6/C30	
Schwangerschaft / Entbind.	Schwangerschaftserbrechen sauer, blutig, gallig, Übelkeit, wenig Appetit	Iris	D6	
Schwangerschaft / Entbind.	**Abortneigung**	Kalium carb.	C6/C30	
Schwangerschaft / Entbind.	**Nachwehen (eines der besten Mittel)**	Kalium carb.	C6/C30	
Schwangerschaft / Entbind.	**Michsekretion, ungenügende-, (Hypogalaktie)**	Phytolacca	D2/C6	
Schwangerschaft / Entbind.	**Milchsekretion zu viel (Hypergalaktie)**	Phytolacca	D2/C6	
Schwangerschaft / Entbind.	**Milchstau**	Phytolacca	C6/C30	
Schwangerschaft / Entbind.	Stillen, beim-, (Schmerzen)	Phytolacca	D4/C6	
Schwangerschaft / Entbind.	**Wehenschwäche**	Pulsatilla	C6	D6
Schwangerschaft / Entbind.	**Kindbettinfektion (sept.)**	Pyrogenium	C30	
Schwangerschaft / Entbind.	**Gebärmutterkrämpfe (Uteruskrämpfe) unter der Geburt**	Secale	C6/C30	
Schwangerschaft / Entbind.	**Geburtswehen (Schwache o. ausbleibende)**	Secale	C6/C30	

Rubrik	Symptom / Erkrankung	Mittel	Potenz
Schwangerschaft / Entbind.	Uterusspasmen (Gebärmutterkrämpfe) unter der Geburt	Secale	C6/C30
Schwangerschaft / Entbind.	Schwangerschaftserbrechen Übelkeit morgens v.d.E., Erbrechen n.d.E.	Sepia	C12
Schwangerschaft / Entbind.	Fehlgeburt, verhütet oft-,	Viburnum opulus	C30
Schwangerschaft / Entbind.	Wehenschmerzen, falsche-,	Viburnum opulus	C30
Schweiß	Schweiß (nachts - nach Essen und Trinken)	Chamomilla	D6/C30 C6
Schweiß	Schweiß (kalt - bei geringster Anstrengung)	Cocculus	D6/C30
Schweiß	Ausdünstung (dauernde, übelriechende)	Hepar sulf.	D12/C30 D12
Schweiß	Schweiß (übermäßig)	Hypericum	D6 D6
Schweiß	Schweiß und Rückenschmerzen (nach geringster Anstrengung)	Kalium carb.	C6/C30
Schweiß	Schweiß (übelriechend, klebrig, gelblich - besonders nachts)	Mercurius solub.	D12/C30
Schweiß	Schweiß (sauer)	Nux vomica	D6/C30 D6
Schweiß	Schweiß (heiß, verursacht keinen Temperaturabfall)	Pyrogenium	C30
Schweiß	Schweiß (übelriechend,)	Sepia	C12/C30
Schweiß	Schweiß (Kopf, übel riechend, geht bis zum Hals) stark, Füße, Hände u. unter den Achseln	Silicea	C6/C30 C10
Schweiß	Schweißfüße (eiskalt) übelriechend	Silicea	C6 C10
Schweiß	Hände (heiß und schweißig) brennen	Sulfur	C6 C6
Schweiß	Schweiß (heiß an den Händen und brennen)	Sulfur	C6 C6
Schweiß	Schweiß (kalt, klebrig)	Tartarus	C30
Schweiß	Schweiß (stark) kalt auf der Stirn	Veratrum album	D6/C30 D6
Schwindel	Schwindel	Argentum nitr	D12
Sekret	Absonderungen (stinken scheußlich)	Pyrogenium	C30
Sekrete	Sekrete (scharf, oft blutvermischt) später schleimig, eitrig	Mercurius solub.	D12
Sex	Sexualtrieb (stark erhöht)	Phosphorus	C30
Sex	Libido, starke-,	Staphisagria	C30
Sinne	Geschmack (bitter) anhaltend	Aconitum	C30
Sinne	Geruchsillusion	Agnus castus	D6/C30

Rubrik	Symptom / Erkrankung	Mittel	Potenz	
Sinne	**Geschmack (bitter) und wie von faulen Eiern**	Arnica	D6/C30	D6
Sinne	**Geruch, faulig (aller Absonderungen)**	Arsenicum	C30	C6
Sinne	Überempfindlichkeit (Licht, Geräusche, Geschmack, Berührung)	Belladonna	D6/C30	C6
Sinne	**Geschmacksverlust**	Bryonia	D6/C30	C6
Sinne	Gerüche, empfindlich gegen alle; Schnupfen;	Chamomilla	D6/C30	C6
Sinne	Geschmack (metallisch)	Cocculus	D6/C30	
Sinne	Überempfindlichkeit (Vagina)	Coffea	D6	C6
Sinne	Geschmack (metallisch - schleimig) mit Speichelfluß	Cuprum metall	C30	
Sinne	Geschmack (faulig)	Gelsemium	D6/C30	D6
Sinne	**Geruch: wie von altem Käse**	Hepar sulf.	D12/C30	D12
Sinne	Geschmack (sauer)	Ignatia	C30	C30
Sinne	**Geschmack (metallisch)**	Mercurius solub.	D12	
Sinne	**Mundgeruch (stinkend)**	Mercurius solub.	C30	
Sinne	**Mundgeruch, übler-,**	Mercurius solub.	C30	
Sinne	Geräusch-, Geruchs-, Lichtempfindlichkeit	Nux vomica	D6/C30	D6
Sinne	Geruchs-, Geräusch-, Lichtempfindlichkeit	Nux vomica	D6/C30	D6
Sinne	Licht-, Geräusch-, Geruchsempfindlichkeit	Nux vomica	D6/C30	D6
Sinne	**Geruch (Absonderungen stinken scheußlich)**	Pyrogenium	C30	
Sinne	**Geschmack (schrecklich stinkend)**	Pyrogenium	C30	
Sinne	**Geschmack (bitter) morgens**	Sulfur	C6	C6
Sinne	Körpergeruch	Sulfur	C6	C6
Stoffwechsel	**Stoffwechselverschlackung**	Carbo veg	C30	D12
Umwelt	**bei Aluminium verunreinigte Luft**	Alumina	C30	
Ursache	Krankheitsauslöser: Sorge um die Gesundheit einer geliebten Person	Cocculus	D6/C30	
Ursache	**Krankheitsbeginn** (plötzl. Wechsel von Wärme u. Kälte; Sitzen auf kaltem Boden; auf heißen Tag folgt kalter Abend)	Dulcamara	D6	D6

Rubrik	Symptom / Erkrankung	Mittel	Potenz	Potenz
Ursache	Krankheitsauslöser: Tabak, Alkohol, Kaffee	Coffea	D6	C6
Verhalten	Ruhelosigkeit - Bewegungsdrang	Agaricus	C30	
Verhalten	Geschwätzigkeit (groß)	Hyoscyamus	D6	
Verhalten	Gähnen stark	Silicea	C6	C10
Verhalten	Nachtwandeln	Silicea	C30	C10
Verletzungen	Elektrischer Schlag, Folgen von einem-,	Phosphorus	C30	C30
Verletzungen / Blutungen	Blutungen (Sickerblutungen aus Schleimhäuten, z.B.: Nase, Aphten)	Carbo veg	C30	D12
Verletzungen / Blutungen	Blutungen (aus Nase und Mund)	Drosera	C30	
Verletzungen / Blutungen	Blutungen (hellrot und reichlich)	Ipecacuanha	D6	
Verletzungen / Blutungen	Blutungen (Wunden, Zahnfleisch, nach Zahnextraktionen, Nase)	Phosphorus	C30	C30
Verletzungen / Blutungen	Blutungen (kleinster Wunden, wochenlang)	Secale	C6/C30	
Verletzungen / Blutungen	Blutungen (Spätblutungen, Blutstauungen)	Sepia	C12	
Wunde / Verletzungen	Blutungen (aller Art)	Arnica	D6/C30	D6
Wunde / Verletzungen	Hämatomen	Arnica	D6/C30	D6
Wunde / Verletzungen	Operationen (danach)	Arnica	D6/C30	D6
Wunde / Verletzungen	Quetschungen	Arnica	D6/C30	D6
Wunde / Verletzungen	Verletzungen (immer zuerst Arnica)	Arnica	D6/C30	D6
Wunde / Verletzungen	Verrenkungen	Arnica	D6/C30	D6
Wunde / Verletzungen	Verstauchungen	Arnica	D6/C30	D6
Wunde / Verletzungen	Wunde (Wundheilmittel)	Arnica	D6/C30	D6
Wunde / Verletzungen	Zahnextraktionen	Arnica	D6/C30	D6
Wunde / Verletzungen	Bissverletzung (Tier)	Hypericum	D6	D6
Wunde / Verletzungen	Brandwunde	Hypericum	D6	D6
Wunde / Verletzungen	Nevenschädigung (mit stechenden,schießenden Schmerzen)	Hypericum	D6	D6
Wunde / Verletzungen	Quetschungen (aufgeplatzt)	Hypericum	D6	D6
Wunde / Verletzungen	Stichverletzung	Hypericum	D6	D6

Rubrik	Symptom / Erkrankung	Mittel	Potenz	
Wunde / Verletzungen	Verletzungen (frische, Quetschungen, Brand-, Stichwunde, Tierbisse)	Hypericum	D6	D6
Wunde / Verletzungen	Wundheit (besonders um Vagina und Mund)	Ignatia	C30	C30
Wunde / Verletzungen	**Bißverletzungen (Tiere, Insekten)**	Ledum	C30	C30
Wunde / Verletzungen	**Insektenstiche**	Ledum	C30	C30
Wunde / Verletzungen	**Quetschungen**	Ledum	D6	C30
Wunde / Verletzungen	**Stichverletzung (Messer, Nagel etc,) Insektenstiche**	Ledum	C30	C30
Wunde / Verletzungen	Verletzungen (Stich- Messer, Nagel etc., Tierbisse) Insektenstiche	Ledum	C30	C30
Wunde / Verletzungen	**Wunden, stark blutend**	Phosphorus	C30	C30
Wunde / Verletzungen	**Verletzungen (Sehnen und Bänder)**	Rhus tox.	D12/C30	D12
Wunde / Verletzungen	**Verrenkung**	Rhus tox.	D12	D12
Wunde / Verletzungen	**Verstauchung**	Rhus tox.	D12	D12
Wunde / Verletzungen	**Zerrung**	Rhus tox.	D12	D12
Wunde / Verletzungen	**Wunde, kleinste-, (blutet wochenlang)**	Secale	C6/C30	
Wunde / Verletzungen	**Abstoßen von Fremdkörpern aus dem Gewebe** (Vorsicht bei Frauen mit Spiralen, bei Kriegsverletzten, Zugluft)	Silicea	C6	C10
Wunde / Verletzungen	**Fremdkörper werden aus dem Gewebe abgestoßen** (Vorsicht bei Frauen mit Spiralen, bei Kriegsverletzten, Zugluft)	Silicea	C6	C10
Wunde / Verletzungen	Wunden (eitrig, schlecht heilend)	Silicea	C6	C10
Wunde / Verletzungen	**Verletzungen durch Schnitte (Messer)**	Staphisagria	C30	C30

Nachtrag / Anmerkungen

Literaturverzeichnis

Kent's Repertorium General
Berg am Starnberger See 1989

Boericke
Homöopathische Mittel
und ihre Wirkungen
Materia Medica
4. verbesserte Auflage
Leer 1992

DHU
Homöopathisches Repetitorium
Juni 2007

de Gruyter
Pschyrembel
Klinisches Wörterbuch
252. Auflage
Berlin - New York 1975